Daemonkratie

Besuchen Sie uns im Internet, wo wir Ihnen das Spektrum der *edition g.* insgesamt vorstellen: <u>editiongpunkt.de</u>

Stefan Blankertz | 1956 | »Wortmetz« | Lyrik und Politik für Toleranz und gegen Gewalt.

Emma Goldman | 1869-1940 | Jüdisch-amerikanische Anarchistin mit russischen Wurzeln. 1919 Deportation in die »Russische Sowjetrepublik«. 1921 Flucht. Erste Berichte über konterrevolutionäres Gebaren der Bolschewiki.

Gustav Landauer | 1870-1919 | Zionist. Mystiker. Anarchist. Ermordet worden wegen seiner Beteiligung an der Münchner Räterepublik.

Stefan **BLANKERTZ**
Emma **GOLDMAN**
Gustav **LANDAUER**

VERSCHWINDE, STAAT!

Weniger Demokratie wagen

edition g. 115

Rothbard Institut
FÜR IDEOLOGIEKRITIK

ORIGINALAUSGABE

115 edition g.

Herstellung und Verlag:

BoD – Books on Demand, Norderstedt

© 2019 by Stefan Blankertz

INHALT

»Staat ist der Fluch des Individuums. Womit wurde Preußens Stärke als Staat erkauft? Durch das Aufgehen der Individuen in einer politischen und geographischen Formel. [...] Staat muss verschwinden! Das wäre eine Revolution, die auch mich auf ihrer Seite hätte. Untergrabt die Idee des Staats, setzt an seine Stelle Freiwilligkeit und geistige Verwandtschaft als von entscheidender Bedeutung für einen Zusammenschluss, – das wäre der Beginn einer Freiheit, die etwas wert ist.«

»Staten er individets forbandelse. Hvormed var Prøjsens statsstyrke købt? Med individernes opgåen i det politiske og geografiske begreb. [...] Staten må væk! Den revolution skal jeg være med på. Undergrav statsbegrebet, opstil frivilligheden og det åndeligt beslægtede som det ene afgørende for en sammenslutning, – det er begyndelsen til en frihed, som er noget værd.«

Henrik Ibsen an Georg Brandes, 1871

Vorrede

»Der Feigen waren mehr denn der Streitbaren, der Dummen mehr denn der Klugen – Mehrheit setzte durch.« Friedrich SCHILLER, *Die Verschwörung des Fiesco zu Genua*, 1782. 2. Akt, 8. Auftritt, Fiesco.

schillernd

Als ich ihm die Tür aufhalten wollte, sagte der linksradikale Professor: »Nach Ihnen, Herr Blankertz.« Andere Studenten titulierten ihn gern mal als »autoritär«, da er es sich verbat, daß in den Seminaren gegessen und getrunken werde. Weil er unter schwerem Asthma litt, reagierte er sowohl auf die im Speisen während der Veranstaltungen ausgedrückte Mißachtung wie auch auf die »Kritik« mit zum Teil sogar lebensbedrohlichen Anfällen. Der verehrte Lehrer. Bei dieser Zusammenstellung der Notizen über die libertäre Demokratiekritik erinnerte ich mich, daß eines Tages, es muß Ende der 1970er oder Anfang der 1980er Jahre gewesen sein, Christian SIGRIST (1935-2015), mein Doktorvater, mit einem verschmitzten Lächeln erzählte, er habe ein Graffiti gesehen, das lautete: *»Verschwinde, Staat!«* Er ergötzte sich an der Schlichtheit des Imperativs und meinte, man solle mal ein Buch mit diesem Titel schreiben. Er hat die Idee nie umgesetzt; so tue ich es jetzt, leicht verspätet.

Christian Sigrist: Ursprung des Titels

In Workshops zur Teambildung gibt es ein beliebtes Spiel, bei dem die Teilnehmer eine Liste von Gegenständen erhalten mit der folgenden Anweisung: »In einer Gruppe weiterer Astronauten sind Sie auf dem Mond gelandet. Während eines Erkundungs-Trips ereignet sich eine Havarie und Sie müssen entscheiden, welche Gegenstände Sie zurücklassen können, um Gewicht zu sparen, und welche Ihnen weiterhin nützlich sein werden.« Nachdem jeder Teilnehmer eine Präferenzliste erstellt hat, in welcher Reihenfolge je nach Notwendigkeit der Lage der Ballast abzuwerfen sei, werden Teams gebildet. Nun entscheidet das Team über die Präferenz. Am Ende betrachten

NASA-Spiel der Teambildung

alle gemeinsam sowohl die Einzel- wie auch die Gruppenergebnisse. Als die objektiv richtige Präferenzliste gilt die der NASA (das Spiel ist ihrer Ausbildung von Astronauten nachempfunden).

schlechtestes Gruppenergebnis muss besser sein als bestes Einzelergebnis

Der Clou bei der Sache: Läuft die Teambildung gut, so muss das schlechteste Gruppenergebnis besser sein als das beste Einzelergebnis. Warum? Ein gutes Team versetzt jedes Mitglied in die Lage, seine Kompetenz zu entfalten, wogegen unsinnige Meinungen ausgefiltert werden.

Auswertung

Als ich dieses Tool seinerzeit für das Training einer mühsam privatisierten Behörde nutzte, kam es zu dem erstaunlichen Fall, dass der *beste* Einzelne im Team mit dem *schlechtesten* Ergebnis saß: Das Team ließ seine Sachkenntnis also unberücksichtigt. Verschämt gab der Teilnehmer zu, er habe nicht nachdrücklich genug für seine (richtigen) Antworten geworben. Ich sagte ihm, hierin bestünde seine Aufgabe eben nicht; vielmehr trage das Team die Verantwortung, seine Überlegenheit zu erkennen und ihm den Raum zu geben, sie darzulegen.

per Abstimmung dem Tod entgegen

Der informelle Leiter des Teams, nicht zufällig ein engagierter Gewerkschaftler, war ganz anderer Auffassung. Er sah kein Versagen des Teams: »Wir haben abgestimmt, also war das in Ordnung.« Er reagierte beleidigt, als ich hinwies, dieses Verfahren habe das Team in den gemeinsamen Tod beim Mondabenteuer geführt.

regulierte Anarchie

Dies Spiel lehrt uns eine Menge über die »*regulierte Anarchie*«, von der Christian SIGRIST sprach. Ein gutes Team ist nicht demokratisch. Es erkennt Autorität an, nicht als eine formale Macht, sondern als tatsächliche Fähigkeit, in Konflikt-, Not- und Problemsituationen richtige Entscheidungen zu treffen. Das angemessene Verfahren ist informell und basiert auf Freiwilligkeit, in ihm verbinden sich Individualismus und Vergesellschaftung. F. A. HAYEK nannte es eine »*Verwertung des Wissens in der Gesellschaft*«, für welche der Markt, mithin die freiwillige Interaktion zwischen allen Handelnden, den besten

Rahmen biete. *Sorry*, Christian, dass ich dich mit jenem von dir nicht geschätzten Konservativen in einem Atemzug nenne. (Wobei jetzt gleich wieder die Frage auftaucht, was ein sinnvoller Begriff von »konservativ« wäre. HAYEK selber jedenfalls identifizierte sich nicht mit dieser Eigenschaft; er meinte, als Liberaler sei er *kein* Konservativer.)

Und so lautet mein Programm, das ich hier weiterführen will: Demokratie ist keine Lösung, stattdessen das Problem, da sie die Herrschaft der Staatsgewalt nicht begrenzt und nicht abmildert, eher noch verstärkt. Der Slogan des Aufbruchs Ende der 1960er und Anfang der 1970er Jahre, »mehr Demokratie wagen«, war leider falsch. *mehr Demokratie wagen?*

Es gilt, *weniger* Demokratie zu wagen, das heißt: mehr Raum für das Individuum und die frei gestaltete Vergesellschaftung seiner Bedürfnisse und Emotionen, seiner Erfindungen, seiner Fähigkeiten, seiner Motivationen, seiner Ratio, seiner Vision, seines Wissens zu lassen. *weniger Demokratie wagen!*

Kritik, die einst links stand, gilt heute als rechts, während die Linke sich mit nichts andrem befasst, als das Bestehende kraft Gewalt gegen die »braune Flut« zu verteidigen, so wie einstmals die Rechte darauf abzielte, die »rote Flut« einzudämmen. Ich werde ein ums andere Mal zeigen, dass es sich jeweils um die nämliche Flut handelt. Und, natürlich, nicht um eine Flut, sondern um die Exekution von (ökonomischen!) Interessen. Aus ihrem Bann herauszutreten, ist die Mission des Widerstands. Zu ihrer Bewältigung habe ich mir zwei der Helden aus meiner Jugendzeit als Sekundanten zu Hilfe herbeizitiert, Emma GOLDMAN und Gustav LANDAUER. Sie zeigen, dass es einen anderen Begriff von Links und sogar von Sozialismus gab als die bolschewistische (= mehrheitliche) Diktatur damals und die grüne Ökokratie heute. *rechts oder links?* *weder noch!* *links war einmal woanders*

Von Frankreich schwappte als vierte (philosophische) Welle über die westliche Welt, dass sprachliche *Benennungen*, etwas *sei*, Gewalt zu heißen habe. Die Überlegungen münden einer-

gebrochener Diskurs der Gewalt

seits in inspirierende Gedanken, andererseits wird, da in ihren Fluten meist unbenannt bleibt, dass die Staatsgewalt mit all den Abgaben, Anweisungen, Bestimmungen, Gesetzen, Interventionen, Kriegen, Regelungen, Steuern, Tributen, Verboten, Verordnungen *Gewalt* ist, unbekümmert dieselbe angerufen, um in das Geschehen der gewordenen Sprache einzugreifen.

Sprache als Herrschaftsinstrument

Sicherlich ist die gewordene Sprache nicht geworden in einem herrschaftsfreien Raum, sodass der Einfluss, den die offizielle Gewalt auf sie nahm, genau analysiert werden will; doch das Heilmittel kann nicht Gewalt sein und sei sie noch so sehr von Mehrheiten sanktioniert. Diesem Manko hilft das vorliegende Buch ab und setzt das Projekt der Dekonstruktion fort, das 2018 mit *Derrida liest* (edition g. 112) begann. Zwar ist Pierre Bourdieu nicht weniger wichtig, aber weniger sympathisch als Jacques Derrida.

Wer die Aussage der Hebamme nach der Geburt, »Es ist ein

auch strukturelle Gewalt ist Gewalt

Mädchen«, zur Gewalt erklärt, es aber für keine Gewalt hält, wenn der Staat dem Studenten oder dem Unternehmer vorschreibt, mit welchen Sternchen er in seinen Klausuren resp. Stellenausschreibungen Personalpronomen zu versehen habe, dem gebricht es an einem Begriff der Logik.

Welle … Flut … münden … auch *diese* Worte werden uns noch beschäftigen.

Von Ronald K. Haffner erhielt ich wertvolle Hinweise zur Bearbeitung des Manuskripts.

WENIGER DEMOKRATIE WAGEN

»Eine öffentliche Gewalt zu schaffen, heißt, den Gebrauch der
Gewalt denen, die nicht auf der Seite des Staats sind, zu entziehen. […] Ich glaube, dass der Vergleich [zwischen Steuern
und Schutzgeld] wahr ist.«

»Constituer une force publique, c'est retirer l'usage de la force
à ceux qui ne sont pas du côté de l'État. […] Je crois que [le
rapprochement entre l'impôt et le racket] est vrai.«

Pierre BOURDIEU, 1991

Die Alchemie der Kommission
Bourdieus Paradox

Pierre BOURDIEU (1930-2002) gegen den Strich zu lesen, bedeutet, seine Soziologie ernst zu nehmen und diese vor seinen politischen Meinungen in Sicherheit zu bringen.

Eine erste Auffälligkeit: Seine Theorie des Staats, die er 1989 bis 1992 in 24 Vorlesungen entfaltet und deren Transkription in der deutschen Übersetzung über sechshundert Seiten umfasst, kommt fast völlig ohne das Wort »Demokratie« aus. Das Register nennt nur elf Stellen, wo von »Demokratie« die Rede ist, und man hat fast den Eindruck, dass derjenige, der dies Register angelegt hat, aus Verzweiflung den Hinweis darunter setzt: »*siehe auch* Meinung«.[01] Und richtig, BOURDIEU sieht die Demokratie bloß unter jenem Gesichtspunkt, wie eine Meinung im und vor allem durch den Staat gemacht werde. Schlägt man nun die Seiten mit den Nennungen des Begriffs »Demokratie« auf, stellt man fest, dass fast ausschließlich es sich jeweils um Zitate bzw. Paraphrasen der Überlegungen von anderen Autoren handelt und nicht um die Aussagen von BOURDIEU selber.

Demokratie kommt in der Staatstheorie von Bourdieu nicht vor

Kulturkritiker im Allgemeinen und Demokratiekritiker im Besonderen klagen oft über den Zustand der öffentlichen Meinung, die Uninformiertheit und die Manipulierbarkeit der Mehrheit. Der italienische marxistische Theoretiker Antonio GRAMSCI (1891-1937) sprach davon, die herrschende Klasse erlange eine »Hegemonie« über die öffentliche Meinung. Dies ist nicht weit weg von den Analysen, die konservative Kulturkritiker über das Übel der Formbarkeit der Massen anstellen. Auf beiden Seiten, der rechten Seite wie der linken Seite, erscheint es so, als gelinge es der (in der »linken« Diktion:) herr-

Gramscis Begriff der Hegemonie

01 Erschienen 2012. Dt. *Über den Staat: Vorlesungen am Collège de France 1989-1992*, Frankfurt/M. 2014. Berlin 2017. Mehr vgl. unten, S. 17 ff.

schenden oder der (in der »rechten« Diktion:) politischen Klasse mit Leichtigkeit, die öffentliche Meinung in ihrem Sinn zu steuern.

»Manipulation« ist nicht einfach

Doch wir wissen, dass dem nicht so ist. Wenn Manipulation so einfach wäre, warum ist dann das Sowjetimperium in sich zusammengebrochen? Warum hat es die Wende in der DDR gegeben? Warum rebelliert die Bevölkerung in Venezuela? Warum wurde in den USA Donald Trump zum Präsidenten gewählt? Warum gibt es die Wahlerfolge der AfD? Die verschwörungstheoretische Vorstellung, die Öffentlichkeit ließe ohne Probleme sich durch die zentral operierende und einen einheitlichen Plan exekutierende herrschende Klasse wie ein Marionettentheater bespielen, lässt dann nur sich aufrecht erhalten, wenn man Abweichungen vom Plan als von den eigentlichen Drahtziehern doch gewollt annimmt.

uneinheitliche Interessenslage in der herrschenden Klasse

Gegen die Annahme eines *eigentlichen* hinter dem *sichtbaren* Plan der herrschenden Klasse spricht, dass die Planwirtschaft auf allen Ebenen, den ökonomischen wie den politischen und gesellschaftlichen Ebenen versagt; darüber hinaus, dass es kein einheitliches Interesse der herrschenden Klasse gibt. Jene, die Dieselautos bauen und verkaufen, sowie alle jene, die Dieselautos besitzen, sind sicherlich nicht erfreut gewesen, dass sich eine Meinung durchgesetzt hat, die den Absatz von Dieselautos mehr oder weniger unmöglich machen wird. Sie können nicht Teil der Agenda sein, die in Deutschland mittels Fahrverboten zum Lahmlegen des Verkaufs von Dieselautos führt. So verhält es sich mit allen anderen alltäglichen politischen Entscheidungen: Es gibt sowohl Gewinner als auch Verlierer; und wohlgemerkt: die Verlierer gehören zumindest teilweise ebenfalls der herrschenden Klasse an.

Statt sich mit Demokratie und Wahlen (Wahlen sind gar ein Thema, das bei seinen Vorlesungen über den Staat überhaupt nicht vorkommt) zu beschäftigen, beschäftigt Bourdieu sich mit dem Thema »Kommission«. Wie werden Kommissionen besetzt? Was entscheiden Kommissionen? Und aus welchem Grund entscheiden sie, was sie dann entscheiden? Das sind die Fragen, die den Soziologen BOURDIEU interessieren. Er entschuldigt sich bei seinen zuhörenden Studenten mehrfach, dass er ein solch scheinbar »triviales« Thema behandelt; er bittet sie um Verständnis, indem er auf die Wichtigkeit dieses Themas hinweist. Wer den Alltag der Demokratien verfolgt, sieht schnell, wie recht BOURDIEU hat. Alle Entscheidungen werden von Kommissionen vorbereitet, viele sogar von ihnen getroffen. Die Parlamente folgen, wenn sie überhaupt etwas entscheiden, den Kommissionen – oder die Parlamentarier bilden ihrerseits Kommissionen. Kommissionen und die in ihnen waltenden Experten sind Lebenselixier des modernen Staats.[02]

Die Kommissionen haben die Aufgabe (und deswegen weist ihnen der Soziologe BOURDIEU diese zentrale Bedeutung zu), das »alchemistische Kunststück« zu vollbringen, »Besonderes in Allgemeines zu verwandeln«:[03] Sonderinteressen als das Interesse der Allgemeinheit darzustellen. Die Medien, denen oft sowohl von rechter wie linker Seite die Hauptschuld an der Hegemonie der öffentlichen Meinung zugeschustert wird, üben hier in Wirklichkeit nur eine nachgelagerte Funktion aus: Sie vermitteln zwar das Ergebnis der alchemistischen Verwandlung, allerdings produzieren sie es nicht selber; sie »reproduzieren« es.

Man hat BOURDIEU mit gutem Grund vorgeworfen, dass er vornehmlich die Faktoren der Stabilisierung eines gegebenen gesellschaftlichen Zustands analysiere, weniger die Faktoren der Veränderung. Auch wenn die Stabilität, wie er zu seiner

das Thema Bourdieus: Kommission

alchemistische Kunststücke

Stabilität und Wandel

---

02 In der deutschen Politik und Wirtschaft wird, besonders als Plural, auch gern von »*Gremien*« gesprochen; den »*Ausschuss*« gibt es eher nur im Singular und hat die in diesem Zusammenhang witzige Doppelbedeutung einer Ware, die dem Qualitätsstandard nicht entspricht. Was wäre, wenn demokratische Ausschüsse nichts als Ausschuss produzieren könnten?
03 *Über den Staat*, S. 71; »transformer du particulier en universel«.

Verteidigung vorbrachte, der Normalzustand ist, gibt es ebenso immer wieder die Situationen, in denen besagte Alchemie nicht gelingt und zwar genau dann, wenn bei der Besetzung der Kommissionen wichtige und zugleich mächtige gesellschaftliche Interessen unberücksichtigt bleiben. Insofern lässt eine Krise sich innerhalb von BOURDIEUS Ansatz beschreiben und analysieren.

der Staat baut sich nicht selber ab

Eine solche Krise hat es nicht erst in den nach der Flüchtlingswelle 2015 folgenden Jahren gegeben, sondern schon Ende der 1970er und Anfang der 1980er Jahre, als es zu einem Rückschlag für die ungebremste Ausweitung des Staats kam. Der Rückschlag ist mit dem Begriff des »Neoliberalismus« verbunden und hat in den USA die Formel »*Roll Back the State*« gefunden. Das Staatswachstum war dysfunktional geworden und es mussten Korrekturen unternommen werden, um das System zu retten. Die Verwandlung von Sonderinteressen ins Allgemeininteresse fand nun in genau der Weise statt, dass ein Rückbau des Staats als das allgemeine Interesse zugegeben wurde, jedoch eine durch vielfältige Kommissionen gesteuerte Umsetzung stattfand, die ihrerseits ganz bestimmte Sonderinteressen bediente.

Neoliberalismus als Popanz

In dieser Situation entschloss BOURDIEU sich, seinen soziologischen Sachverstand völlig zu negieren, und zu behaupten, dass erstens der Neoliberalismus tatsächlich den Staat zerstört hätte und dass zweitens der Staat tatsächlich der Garant eines Allgemeininteresses sei. In solchen Zusammenhängen benutzte er Formeln, die jeden Verschwörungstheoretiker vor Neid erblassen lassen müssten: Es gebe einen Neoliberalismus mit einheitlicher Agenda, der es geschafft habe, über den Staat zu triumphieren und seine Sonderinteressen gegen das Allgemeininteresse durchzusetzen.

Wenn man BOURDIEUS Tiraden gegen den Neoliberalismus neben seine soziologischen Analysen legt, kann man nur den Kopf schütteln. Letztlich erliegt BOURDIEU der Propaganda des Staats, er vertrete tatsächlich (und nicht bloß ideologisch) das Allgemeininteresse gegen die Sonderinteressen, vor der er einst warnte. Da er selbst es war, der die Warnung formulierte, gibt es für ihn keinen Freispruch: Er weiß es besser, macht sich aber zum willigen Vollstrecker des Systems. Der Nachruhm bei den Etablierten dankt ihm das. Doch auf mittelfristige Sicht wird die Einsicht sich durchsetzen, dass der Soziologe BOURDIEU eine Genie war, unterdessen der politische Aktivist sich nur als Hampelmann betätigte.

wider die eigene bessere Einsicht

Eine »Waffe gegen das Staatsdenken«[04]

Stets bleibt in der Schwebe, ob BOURDIEU »die Rhetorik des Offiziellen«,[05] der »Departikularisierung«[06] zu dienen und sich zu empören bei der »Aufdeckung privater Interessen«,[07] als »fromme Lüge«[08] der »Fetischisierung des Staates«[09] behandelt, oder seiner Meinung nach doch der Wahrheit entspricht. BOURDIEU erkennt keinen Bruch in der Gesellschaft durch Gewalt, wenn er etwa die Heiratsriten in einer Berbergesellschaft, bei deren Untersuchung er sich als Soziologe-Ethnologe seine wissenschaftlichen Sporen verdiente, ohne Weiteres mit den Ritualen von staatlichen Gesetzgebungen gleichsetzt.[10] Bei ihm geht der Staat aus den vor-staatlichen Verhältnissen hervor; es handelt sich um einen »Prozess«,[11] eine »Emergenz«.[12] In diesen Begriffen gibt es keine Absicht, keinen Akteur, kein Interesse. Akteure tauchen in Wendungen auf wie, der Staat *produziere* Klassifikationsprinzipien[13] oder

kritisch oder affirmativ?

Staat ohne Akteure

04 *Über den Staat*, S. 207; »l'arme … contre la pensée d'État«.
05 *Über den Staat*, S. 90.
06 *Über den Staat*, S. 63.
07 *Über den Staat*, S. 100.
08 *Über den Staat*, S. 95 sowie S. 108.
09 *Über den Staat*, S. 70.
10 *Über den Staat*, S. 63ff, S. 93; vgl. auch S. 108.
11 *Über den Staat*, S. 255, S. 285.
12 *Über den Staat*, S. 335.
13 *Über den Staat*, S. 293.

strukturiere die soziale Ordnung.[14] Aber selbst wenn der Staat, in seinen Worten, eine »massive Durchsetzung einer Gesamtheit von Vorstellungen und gemeinsamen Werten« anstrebt und die »Domestizierung der Beherrschten« betreibt,[15] sind dies Formulierungen der Verharmlosung von Gewalt. Denn *wie* setzt der Staat Vorstellungen und Werte durch und *wie* domestiziert er die Beherrschten? Gilt nur Überzeugung, Zustimmung, Einstimmigkeit? *Wie* wird mit Abweichlern verfahren? Dürfen sie frei ihrer Wege ziehen? *Wie* geht der Staat mit Widerstand um? Erhalten die Rebellen freies Geleit? Dennoch ist BOURDIEU der Gewaltcharakter des Staats nicht unbekannt. Die Monopolisierung der physischen Gewalt im Allgemeinen und der militärischen Macht im Besonderen ist laut BOURDIEU mit dem Steuerwesen ein zentrales Kennzeichen dafür, dass Staat existiert: »Dieser Konzentrationsprozeß«, der als Konstituierung einer »öffentlichen Gewalt« zu bezeichnen ist, »bildet sich auf der Grundlage einer Enteignung [!]. […] Eine öffentliche Gewalt zu schaffen bedeutet, den Gebrauch der Gewalt denen, die nicht auf der Seite des Staates sind, zu entziehen.«[16] In Anschluss an Norbert ELIAS macht er keinen Unterschied zwischen dem Staat, der Steuern erhebt, und Banditen, die Schutzgeld erpressen.[17] Eine Alternative tritt hervor, wenn er leider nur kurz davon berichtet, auf »Datenmaterial […] eines kleinen Dorfes von zweihundert Einwohnern während der Französischen Revolution« gestoßen zu sein: »In dieser Gegend pflegten die Männer einstimmig Beschlüsse zu fassen. Nun [aber, mit der Revolution] kommen Dekrete, daß nach dem Mehrheitsprinzip zu entscheiden sei.«[18]

14 *Über den Staat*, S. 323.
15 *Über den Staat*, S. 255.
16 *Über den Staat*, S. 350.
17 *Über den Staat*, S. 233. »Ich glaube, daß dieser Vergleich [zwischen Steuern und Schutzgeld] zutrifft.« Er geht, wohlgemerkt, auf AUGUSTINUS zurück.
18 *Über den Staat*, S. 187.

Im entwickelten Staat werden allfällige Probleme ebenso wie eventuell sich regender Widerstand behandelt, indem man Kommissionen einsetzt. »Die herrschende Gruppe kooptiert Mitglieder nach Maßgabe winziger Verhaltensanzeichen.«[19] Die Verhaltensanzeichen (sie bilden BOURDIEUS berüchtigtes kulturelles Kapital) schließen ein, dass man sich im Rahmen »gesellschaftlich anerkannter Meinungen« bewegt sowie die »impliziten Regeln der bürokratischen Welt kennt und anerkennt«.[20] Innerhalb einer Kommission rangeln die Mitglieder um die »Macht der Benennung«.[21] Nach Abschluss der Arbeit der Kommission, indem der Staat (etwa *qua* Parlament) den Beschluss übernimmt und zu einem Gesetz erhebt, wird die offizielle Meinung zur Meinung aller.[22] In diesem Zusammenhang klingt es ironisch, wo BOURDIEU sagt, so verfahre »eine Gesellschaft, die sich für demokratisch hält«.[23]

Betrachten wir BOURDIEUS Vorlesungsreihe »*Über den Staat*«, so finden wir in ihr die »Waffe gegen das Staatsdenken«, genauso aber auch den Grund, warum BOURDIEU in den Kampf gegen die Windmühlen des Neoliberalismus ziehen konnte. Indem er in einem TAZ-Interview vom 04. 12. 1999 meinte, die USA seien gar kein (schwerbewaffneter) Staat angesichts der vielen privat besessenen (leichten) Bewaffnung, erlag er der »Fetischisierung des Staates«. Und Fetischismus ist, vergessen wir das nicht, eine Form von (sexueller) Perversion.

Solch ein Fetischismus ist, vergessen wir auch das nicht, einer der »Rechten«, so wie diese räumlich-dämliche Zuordnung traditionell in Europa gehandhabt wurde (anders verhielt es sich in den USA). Für die Konservativen – monarchistisch, aristokratisch, feudalistisch, militaristisch, elitär – bedeutete

Kommission, Reprise

ein Held im Kampf gegen Windmühlen

rinks und lechts

19 *Über den Staat*, S. 121.
20 *Über den Staat*, S. 120.
21 *Über den Staat*, S. 128.
22 *Über den Staat*, S. 120.
23 *Über den Staat*, S. 120. Es mag ja Projektion sein, aber immer, wenn er das Adjektiv *demokratisch* benutzt, höre ich BOURDIEU verlegen hüsteln.

die staatstragende »Ehre«, die hierarchische »Ordnung«, die männliche Tugend der Gewalttätigkeit zugleich mit äußerster emotionaler und sexueller Verarmung sowie das Allgemeinwohl *alles*. Das Individuum galt ihnen nichts. Einen Körper mit Bedürfnissen zu haben, berührte peinlich. Den »Linken« warf man Staatszersetzung, Hedonismus, Individualismus, Verweichlichung & sexuelle Zügellosigkeit vor.[24] Sie wurden als jene gefürchtet, gebrandmarkt und zugleich beneidet, die sich alles das erlaubten, was dem Reglement des preußischen Mannes, oder dem einer jeden anderen nationalstaatlichen Herkunft, streng verboten blieb.

Bourdieus historische Position

Dass diese alte Rechts-Links-Zuschreibung sich neuerdings komplett verkehrt hat, ist ein Vorgang, der der soziologischen Aufklärung bedarf. Pierre BOURDIEU, er steht *in* genau dieser Wasserscheide postmoderner Politik am ausgehenden 20. und beginnenden 21. Jahrhundert.

---

24 Eine eindrucksvolle Sammlung entsprechender Belege und Zitate findet man in klaus THEWELEITS *männerphantasien*. Dass er dabei auch ungeniert auf Ernst JÜNGER zurückgreifen kann, nur zum Teil nicht gerechtfertigterweise, ist bedauerlich. Weiteres zu THEWELEIT vgl. unten S. 27ff. Zu klaus THEWELEIT und Ernst JÜNGER vgl. Stefan BLANKERTZ, *Die neue APO: Gefahren der Selbstintegration*, Berlin 2016 (edition g. 123), S. 123-132.

Mythos Volkswille
Kritiker, die keine sind

An Kritik der real existierenden Demokratie fehlt es nicht. Doch bei genauerem Hinschauen orientieren sich viele dieser Kritiker an einem Ideal der Demokratie, d.h., sie kritisieren eine bestimmte Umsetzung der Demokratie, nicht aber das Prinzip der Mehrheitsherrschaft.

Eine erste Möglichkeit der Kritik eröffnet das Faktum, dass zwischen den Wahlberechtigten und den effektiv Wählenden eine Lücke klafft. In den USA ist diese Lücke besonders groß, rund um 50 %; jedoch sogar in Deutschland mit einer recht hohen Wahlbeteiligung zeigen »ehrliche Wahlergebnisse« oft, dass die Nichtwähler die größte Partei darstellen, aber nicht im Parlament vertreten sind.

Allerdings ließe eine Abhilfe sich bloß dergestalt treffen, dass man die Wahlberechtigten nicht bloß zwingt, wirklich zur Wahl zu gehen, sondern auch, eine gültige Stimme abzugeben. Damit wäre jedoch die Grundlage der Demokratie, nämlich die freie und geheime Stimmabgabe, aufgehoben. Die Vordenker der Demokratietheorie haben keine Lösung für dieses Problem, das sie beunruhigt, obgleich sie nicht müde werden zu behaupten, wer nicht wähle (oder eine ungültige Stimme abgebe), würde implizit jedweder Entscheidung derjenigen zustimmen, die gültig wählen. Denn sie wissen nur allzugut, dass diese »Zustimmung« rein fiktiv bleibt. Zwar halten die Nicht- und Ungültigwähler faktisch die meiste Zeit still, weil sie unpolitisch sind und von der Politik nichts wissen wollen; in bestimmten Situationen gehen sie dann aber doch auf die Straße und randalieren. Diese Unkalkulierbarkeit der Nicht- und Ungültigwähler alarmiert die jeweilige politische Klasse: Es könnte eben sein, dass die Unterworfenen zu Bewusstsein kommen und schlussendlich sich auflehnen gegen das System der Bevormundung und der Politisierung namens der Demokratie.

Eine andere Variante der üblichen Kritik behauptet, dass die Wahlentscheidung der Mehrheit der (gültig) Wählenden darum nicht dem Volkswillen entspreche, weil die Mehrheit des Stimmviehs von den etablierten Medien oder der Propaganda der politischen Klasse manipuliert sei. Sie stimmt anders, als *Manipulation?* sie »in Wahrheit« denkt oder fühlt. An diese Kritik schließen sich zwei Fragen an. Die erste Frage lautet, wie der Kritiker denn wisse, was die Mehrheit des Volks oder sogar das ganze Volk unisono »wolle«? Nimmt er nicht einfach an, dass das, von dem er meint, das Volk *solle* es wollen, auch das sei, was es *tatsächlich* will? Hat er denn Anhaltspunkte, dass »das Volk«, wenn jeder einzelne »Volksgenosse« in der Wahlkabine steht und sein Kreuz macht, entgegen der inneren Überzeugung handelt? Dies klingt nach reiner Ideologie oder Projektion. Soziologisch korrekt wäre es dagegen, die Wahlentscheidung eines jeden Wählers als gegeben hinzunehmen und dann zu analysieren, welche Interessen für die Wahlentscheidung maß-
Analyse geblich waren. Mit solch einer Herangehensweise gelangen
statt wir zu einem realistischen Bild der Verhältnisse und zu einer
Verschwörungs- Aufklärung hierüber, warum die Unterworfenen der eigenen
theorie Unterwerfung auch noch zustimmen.

Das Hauptproblem der Demokratiekritik liegt darin, dass sie
Einmütigkeit teilweise dem Mythos erliegt, den die Demokratie von Anfang
als Ideologie an gestreut hat: dass es nämlich einen Volkswillen gäbe. Sogar Ludwig von Mises träumte, wie man weiß, davon, die »einmütige« Volksentscheidung würde die Macht des Staats begrenzen. Es gibt aber weite Teile des Volks, vermutlich leider dessen Mehrheit, die die Staatsgewalt anrufen und zur Durchsetzung eigener Interessen gewinnen wollen.

Die Wahlentscheidungen in real existierenden Demokratien
Wahlen zeigen hingegen ein ganz anderes Bild. Zwar verändern sich
analysieren manchmal die Gewichtungen und manchmal verschwinden

sogar einzelne Parteien und andere kommen auf, im Wesentlichen jedoch sind über Jahrzehnte hinweg ebenso stabile wie gravierende Unterschiede bei den Interessen des Wahlvolks deutlich. Sie manifestieren sich in Wahlergebnissen, die von Legislaturperiode zu Legislaturperiode nur wenig differieren; Krisen- und Wandlungszeiten ausgenommen.

Doch selbst in Krisen- und Wandlungszeiten gibt es meist keinen einheitlichen Schwenk; geringfügige Änderungen der Wählergunst führen vielmehr das herbei, was Medien dann als »erdrutschartige Wahlsiege« bezeichnen. Beim reinen Mehrheitswahlrecht, wie es in den angelsächsischen Ländern vorherrscht, reicht die Umentscheidung einiger Prozent der Wähler, dass das komplette System (scheinbar) auf den Kopf gestellt wird. In der Wahlwirklichkeit zeigt sich, dass es »das Volk« genau nirgends gibt. Die Interessen im Volk sind unterschiedlich, gegensätzlich, widersprüchlich.

Kontinuität im Wandel

Die Kritiker der Demokratie müssen aufhören, sich am Ideal der Demokratie zu messen. Im Anfang der us-amerikanischen Republik bestand die Einmütigkeit darin, sich gegenseitig in Frieden zu lassen, wie unterschiedlich die einzelnen Visionen, Aspirationen, Moralvorstellungen, Überzeugungen oder auch Glaubensartikel etc. sein mögen. Dies ist keine mythologische Einmütigkeit, sondern eine ganz rationale, rationalistische und realistische, eine pragmatische Übereinkunft, die dem Gemüt allzu oft entgegensteht.

falsch ist bereits das Ideal der Demokratie; richtig wäre die Übereinkunft, sich gegenseitig in Frieden zu lassen

Die Erfahrung nach Umstürzen eines bestehenden, ja selbst des tyrannischsten Systems lautet, dass es Teile, oft sogar erhebliche Teile des Volks gibt, die diesem untergegangenen System aus den verschiedensten Gründen nachtrauern. Aber auch unter den Kräften, die jenen Umsturz herbeiführten, zeigt niemals sich eine einmütige Überzeugung. Die romantische Vorstellung, es gäbe *eine* Volksmeinung ist bestenfalls Wunschdenken, meist böswillige Unterstellung, alle müssten die gleiche Meinung teilen wie man selber.

es gibt keine Einheit der Visionen

Die Alternative bestünde hierin, von der Fiktion des Volkswillens Abstand zu nehmen und stattdessen positiv die Unterschiedlichkeiten in den Vorstellungen, Visionen, Utopien, Religionen, Plänen, Meinungen, Lebensentwürfen, Kräften, Interessen, Ideen, Energien, moralischen Bestimmungen usw. anzuerkennen. Dann dürfte es aber nicht mehr darum gehen, durch Abstimmungen, Parlamente und Kommissionen eine Einheitlichkeit herbeizuführen, vielmehr die Prinzipien auszuarbeiten, nach denen die Unterschiedlichkeiten so weit wie möglich friedlich nebeneinander sich verwirklichen können.

Propagandistische Entstellung ist es, diese individualistischen libertären Prinzipien als »Auflösung jeder« Gesellschaft, Gemeinschaft, Familie und so weiter anzusehen; denn im Gegenteil, diese Prinzipien bestärken die Bande der *freiwilligen* Verbundenheit gegenüber dem erzwungenen Atomismus, in dem jeder vereinzelte Mensch nur noch der zentralen Gewalt des (demokratischen) Staats unterworfen ist. Demokratie ist eben kein gemeinschaftliches oder familiäres Prinzip, sondern setzt die Gewalt abstrakter Mehrheiten einer durch die natürliche Autorität strukturierten Gemeinschaft entgegen.[25]

An der realen Demokratie ist nicht auszusetzen, dass sie dem »Volkswillen« nicht entspreche oder den »Volkswillen« nicht effizient umsetze, vielmehr dass sie überhaupt den Mythos des Volkswillens konstruiert. Das Konstrukt des Volkswillens ist falsch. Wer vom »Volkswillen« faselt, der umgesetzt werden solle, verficht die totalitäre Demokratie und ist insofern der natürlichen und freiwilligen Gemeinschaft entgegengesetzt.

25 Wer diese Formulierung, möglicherweise nach einer Überdosis THEWELEITscher *männerphantasien*, für »rechts« erklärt, dem halte ich entgegen, dass ich sie auf Christian SIGRIST zurückführe. In einem Seminar Ende der 1970er Jahre analysierte er messerscharf, dass das Problem der anti-autoritären Bewegung in der Stoßrichtung gegen die Autorität gelegen habe: Wer die Autorität schwäche, so sagte er, der müsse notgedrungen Zuflucht in formalen Hierarchien nehmen, um gesellschaftliches Handeln sinnvoll strukturieren zu können. Seine Theorie funktionierender herrschaftsfreier Gesellschaften nannte er konsequenterweise »Regulierte Anarchie« (1967 u. ö.), Autorität inklusive.

Wiederkehr der Zensur als »Volkswille«?

Mehr als 10 000 Leute unterzeichneten 2017 eine Petition, die das Metropolitan Museum of Art, New York, auffordert, das Gemälde *»Thérèse Dreaming«*, 1938, von Balthasar Kłossowski DE ROLA (1908-2001), genannt BALTHUS, aus seiner Dauerausstellung zu entfernen. Zu der auf die Petition folgenden Debatte schrieb Julia Pelta FELDMAN unter dem Unheil verkündenden Titel *»Mythos Kunstfreiheit«* am 02. Januar 2018 bei Zeit online: »Die Kunstwelt reagiert mit Panik auf Proteste gegen sexistische oder rassistische Werke und beruft sich auf die Kunstfreiheit. Die aber ist ein liberales Trugbild.« Das Gemälde sei »nicht zensiert worden«, das Met habe die Petition ja abgelehnt. Glücklicherweise hatte der Stiftungsbeirat des Met hierzu das *undemokratische* Recht. FELDMAN räumt ein, »was in der Debatte um *Thérèse Dreaming* infrage« stehe, sei »nicht ein einzelnes Gemälde, sondern unser Verhältnis zum Kunstkanon insgesamt«. Sie zitiert einen Kritiker der Petition, wenn wir damit anfangen würden zu fragen, »ob man BALTHUS' Gemälde heute noch zeigen dürfe«, »dann müssten wir dieselbe Frage auch für Werke von MICHELANGELO, CARAVAGGIO, MODIGLIANI, DEGAS und PICASSO und vielen anderen großen Künstlern beantworten«. »Auch wenn sie es nicht ausdrücklich sagen«, kontert sie, nähmen die Kritiker an, »dass eine solche Hinterfragung des Kunstkanons unverhältnismäßig, gefährlich oder lächerlich, in jedem Fall aber ein schwerwiegender Fehler wäre. Solche Debatten laufen oft aus dem Ruder«, wie sich darin zeige, dass jemand die Petition »auf eine Stufe mit dem Vorgehen des Islamischen Staates gegen Kunstwerke« gestellt habe. Solche Vergleiche gehen natürlich gar nicht. Und nun kommt ein Meisterstück an Sophistik: »Widerstand gegen Kunst – sei sie physisch, wie im Fall der konföderierten Denkmäler, die nun in den Südstaaten der USA abgebaut werden, oder intellektuell, wie im Fall der Aufrufe, Werke aus Museen zu entfernen oder sie mit kritischen Begleittexten zu versehen

Zensur als Zeitgeist, der als befreiend sich ausgibt

Modiglianis Einladung zur Freiheit siehe S. 27

– sollte man nicht verharmlosen.« Natürlich darf man sie nicht verharmlosen, denn wir stehen ja gegen Zensur.[26] Aber. Aber. »Aber die Forderung, dass wir unser Verhältnis zum westlichen Kunstkanon ändern sollten, ist nicht weniger plausibel als die, dass Monumente des auf Sklaverei beruhenden Südstaatenregimes zerstört werden müssen: Solche Monumente repräsentieren nicht bloß eine vergangene Unterdrückung, ihre Präsenz im öffentlichen Raum legitimiert diese Unterdrückung auch in der Gegenwart.«

… mit Verlaub: Genau so lautet die Begründung, weswegen Islamisten in Afghanistan Buddha-Statuen in die Luft jagten. Dass es die neuen Puritaner*innen im Westen so weit noch nicht getrieben haben, ist kein Argument, denn sie streben es an: Die Wiederkehr der Zensur als »Volkswille« (*aka* Allahs Wille).

wenn sie könnten, wie sie wollten

Es ist schon bemerkenswert, traurig und durchaus gefährlich, dass die Linken, die so schnell das Mantra von »Wehret den Anfängen!« chanten, keinerlei Verständnis aufbringen für die Schäden, die sie anrichten, wenn sie die frühere, durchaus berechtigte Kritik an den herrschenden Zuständen in neue Herrschaft ummünzen, wenn sie, wie Christian SIGRIST bedauerte, zur etatistischen Linken werden. Wobei seine Illusion vor allem darin bestand, dass die Linke irgendwann einmal nicht etatistisch war. Die Illusion einer »nicht-etatistischen Linken« ist ihrerseits eine Konstruktion, die eine historische Marginalie der 1960er und 1970er Jahre zum Prinzip erhebt.

wehret den Anfängen

---

26 Was bedeutet Zensur? Natürlich hat jede Gruppe von Menschen das Recht, eine andere Gruppe von Menschen – oder private Institution – aufzufordern, irgendetwas zu tun oder zu unterlassen. Zensur wäre nur Einsatz von Staatsgewalt. Doch das Met ist keine private, sondern eine teils öffentliche, mithin eine korporatistische Institution. Darüber hinaus bleibt diese Unterscheidung vom libertären Standpunkt aus zwar nicht nur richtig, sondern auch wichtig; diese Unterscheidung wird aber nicht generell geteilt: Die Strategie der linken wie der rechten Aktivisten lautet, mit einem privaten und freiwilligem Verzicht zu starten, um dann ein staatliches Verbot durchsetzen zu können.

was ist Zensur?

Amedeo Modigliani (1884-1920), *Akt auf Sofa (Almaiisa)*, 1916; aus: Privatsammlung Mr. und Mrs. Paul Wurzburger, Cleveland (Ohio), gemeinfrei *via* The Yorck Project. Möglicherweise das nächste Objekt der Begierde für die neu entflammten Zensurphantasien von lechts-rinken Puritaner*innen weltweit? Zensurphantasien werden derzeit als gegenseitige Angriffe beider Seiten des politischen Spektrums benutzt, um die jeweils andere zu denunzieren, während die eigenen Wünsche nach der Beseitigung missliebiger Meinungen oder auch bildlicher Darstellungen in Kunst und Werbung als objektiv begründete Notwendigkeiten gelten.

Gefahr neuer Zensur ist real

»Irgendwo giebt es noch Völker und Heerden, doch nicht bei uns, meine Brüder: da giebt es Staaten.

Staat? Was ist das? Wohlan! Jetzt thut mir die Ohren auf, denn jetzt sage ich euch mein Wort vom Tode der Völker.

Staat heisst das kälteste aller kalten Ungeheuer. Kalt lügt es auch; und diese Lüge kriecht aus seinem Munde: ›Ich, der Staat, bin das Volk.‹

Lüge ist's! Schaffende waren es, die schufen die Völker und hängten einen Glauben und eine Liebe über sie hin: also dienten sie dem Leben.

Vernichter sind es, die stellen Fallen auf für Viele und heissen sie Staat: sie hängen ein Schwert und hundert Begierden über sie hin.

Wo es noch Volk giebt, da versteht es den Staat nicht und hasst ihn als bösen Blick und Sünde an Sitten und Rechten.

Dieses Zeichen gebe ich euch: jedes Volk spricht seine Zunge des Guten und Bösen: die versteht der Nachbar nicht. Seine Sprache erfand es sich in Sitten und Rechten.

Aber der Staat lügt in allen Zungen des Guten und Bösen; und was er auch redet, er lügt – und was er auch hat, gestohlen hat er's.

Falsch ist alles an ihm; mit gestohlenen Zähnen beisst er, der Bissige. Falsch sind selbst seine Eingeweide.«

Friedrich NIETZSCHE, 1883

Kältetod in der Nähe der Mehrheit
Die ärgsten Kritiker der Elche waren früher selber welche

Verachtung der Massen ist ein Kennzeichen rechter wie linker Kulturkritik. – In seinen einflussreichen »*männerphantasien*« arbeitete klaus THEWELEIT 1977 heraus, wie die »rechten« deutschen Autoren insbesondere in den Jahren zwischen den beiden Weltkriegen die Angst vor den amorphen »Massen« schürten. Die Lösung sahen sie in einem strikten Aristokratismus und einer festgefügten hierarchischen gesellschaftlichen Organisation. Doch die Implikation von THEWELEIT, dass dieser Vision ein linkes Vertrauen in die Selbstorganisation und Selbstbestimmung der führerlosen Massen widerstreite, sie stand bereits von Anfang an auf tönernen Füßen.[27] LENIN selber war es gewesen, der sagte, die Massen würden ohne revolutionäre Avantgarde nicht über einen »Trade-Unionismus« hinaus gelangen.[28] Mit »Trade-Unionismus« meinte er: Die Massen folgten sozialdemokratischen Gewerkschaften, deren Ziel darin bestand, innerhalb des Systems gewisse gesetzliche Vorteile zu erlangen wie Begrenzung des Arbeitstags, Streikrecht (ohne Aussperrung oder Entlassung durch die Arbeitgeber im Gegenzug befürchten zu müssen) oder Verbot von Kinderarbeit. An revolutionäre Umstürze des Systems dächten sie nicht, wenn nicht die avantgardistischen Führer aus der Schicht der Intellektuellen sie anleiten würden. Umgekehrt tummelten Aristokraten, Monarchisten und Elitisten

Verachtung der Massen: rechts oder links?

Lenin: was tun?

27 Zu einer dekonstruktivistischen Lektüre THEWELEITS siehe unten, S. 33 ff.
28 In »*Was tun?*« (1902) bezeichnet W. I. LENIN als »engen Trade-Unionismus« den »›realistischen‹ Kampf um kleine, allmähliche Reformen« (zit. n. *Werke*, Band 5, Berlin-Ost 1955, S. 372): »Die Geschichte aller Länder zeugt davon, daß die Arbeiterklasse ausschließlich aus eigener Kraft nur ein tradeunionistisches Bewußtsein hervorzubringen vermag. [...] Spontane Arbeiterbewegung ist Trade-Unionismus, ist Nur-Gewerkschaftlerei« (S. 385 f, S. 396; »Nur-Gewerkschaftlerei« bei LENIN deutsch). – Man huldigt den Massen nur, sofern sie einem zujubeln.

O-Ton Lenin

sich in einer unmittelbaren Nähe zu den einzig erfolgreichen rechten Bewegungen, der faschistischen sowie der national-sozialistischen Bewegung, deren Verherrlichung der Massen, die dem Führer zu Füßen liegen, keine Grenzen kannte.

wenn Frust Kritik ersetzt

Da die Kritik an der herrschenden Meinung als der Meinung der Herrschenden keine prinzipielle Demokratiekritik hinter sich hat, sondern allein der Frustration entspringt, gerade keine Mehrheit in den Wahlen zu erlangen, schmilzt sie dahin, sobald die Zustimmung der Mehrheit droht. Hatte jemand darüber sich geärgert, dass in den staatlichen bzw. den staats-tragenden Medien und dass in den Bildungs- und Forschungs-institutionen zum Beispiel menschengemachter Klimawandel als Paradigma für unanfechtbar erklärt worden war, so freut er sich diebisch, sobald der Wind der Mehrheit sich gedreht hat und den Feinden kalt in das Gesicht bläst. Am Prinzip wurde jedoch nichts verändert: Der Staat, und sei er noch so sehr durch die Mehrheit legitimiert oder gar geheiligt, sollte nun mal nichts zu sagen haben darüber, was wahr und was falsch ist, auch nicht darüber, was ich für wahr oder für falsch halte, und schon gar nicht, für welche Forschung ich mein Geld her-gebe oder nicht hergebe.

Option Freiheit als pragmatischer Notanker, wenn man die Mehrheit nicht besitzt

Wir können das Prinzip beobachten etwa an den unterschied-lichen politischen Optionen der Katholischen Kirche. In den USA, wo sie eine starke, aber abgelehnte Minderheit dar-stellte, trat sie beispielsweise immer für Bildungsfreiheit ein. Das »*Catholic Workers Movement*« ist dezidiert anarchistisch aufgetreten. In Italien aber, wo die Katholische Kirche sich zu Hause und im Besitz der Mehrheit wähnte, hat sie sich über lange Zeit zum Beispiel hiergegen gewehrt, dass der Staat die Ehescheidung zulässt.

universelles Gesetz demokratischer Politik

Dies ist eine Illustration dessen, was ich als ein allgemeines und universelles Gesetz demokratischer Politik formulieren möchte: Mit der Nähe zur Mehrheit nimmt die Demokratie-kritik ab. Oder andersherum: Je weiter die eigenen Ansichten und Vorstellungen von der Möglichkeit, die politische Mehrheit zu erringen, entfernt sind, um so kritischer wird man der Demokratie gegenüber.

Die publizierte Ideologie setzt Demokratie stets mit Toleranz gleich. Aber nichts könnte von der Wahrheit weiter entfernt sein. Die Demokratie, verstanden als Herrschaft der Mehrheit oder gar des Volks, erlaubt eben der Mehrheit, ihre Ideen den Minderheiten aufzuzwingen. Natürlich können die Minderheiten zusammen rechnerisch die Mehrheit sein; aber insofern sie keine Negativkoalition bilden, für die sie übereinkommen, einander unbehelligt zu lassen, erlauben sie es der relativen Mehrheit, zu schalten und zu walten, wie sie es will.

Demokratie bedeutet nicht Toleranz, sondern Herrschaft der Mehrheit

Die Masse, von den Rechten nicht weniger als von den Linken gefürchtet bzw. von den Linken nicht weniger als von den Rechten in den Himmel gehoben, ist ein integraler Bestandteil des demokratischen Prozesses. »Die Masse« als Bedrohung oder als Heilsbringer ohne die Politisierung anzusprechen, die real existierende Demokratien stets mit sich bringen, ist völlig sinnlos. Natürlich gibt es Massen zum Beispiel bei Fußballspielen, wie es sie anscheinend immer schon dort gab, wo Gesellschaften eine gewisse Anzahl von Menschen zusammen gebracht haben. Aber ihre Bedeutung kriegen sie erst, sobald es sich um politische Fragen dreht. Drohte nicht, dass von den Massen artikulierte Meinungen oder Haltungen Einfluss auf die Gesetzgebung erlangen, empfände man sie nie als gesellschaftlich bedrohlich. Ich jubele, huldigen die Massen Alissa WHITE-GLUZ,[29] runzle dagegen die Stirn, falls sie Helene FISCHER[30] beklatschen; meine Angst aber hält sich in Grenzen, ganz anders als wenn es darum geht, welche Wirkung Klima-Greta[31] oder *Pepe the Frog*[32] entfalten wird.

Masse und Politik

Bedrohlichkeit politischer Massen

29 Seit 2014 Growlerin der Melodic Death Metal Band *Arch Enemy*.
30 Who the fuck is …?
31 Symbolfigur der ökokratischen Anbeter der Staatsgewalt.
32 Symbolfigur der US-amerikanischen *Alternative Right* (aka *Alt Right*). Dies ist *nicht* die alte (anti-autoritäre) Rechte, *Old! American Right*.

Masse geht nicht aus Gesellschaft hervor, Masse macht der Staat

Mithin gab klaus THEWELEIT selber sich einer *männerphantasie* hin (wenn wir es denn bei diesem Begriff belassen wollen, weil derzeit es ja eher um gewalttätige Frauenfantasien geht): Denn in Wirklichkeit gibt es sie gar nicht, die »Masse«. Eine Gesellschaft ist zusammengesetzt aus Gemeinschaften, welche sich durch sowohl hierarchische als auch nicht-hierarchische, aber auf jeden Fall *freiwillige* Strukturen auszeichnen, demgegenüber der Staat die Masse schafft. Er schafft die Masse, weil er ein Territorium definiert, in welchem »die Masse«, »die Mehrheit«, »das Volk« oder was auch immer das Recht besitzt, dir, einem zufälligen Einwohner dieses Territoriums, Vorschriften zu machen.

Staat ist Gewalt ist Masse

Das Konstrukt dieser Masse muss weg. Aber es kann nicht weg, solange nicht das Prinzip der Demokratie überwunden worden ist: dass die zufällige Mehrheit in einem per Gewalt festgelegten Territorium die Herrschaft ausübt über die dort lebenden Gemeinschaften und Individuen. Keinen Staat der Erde gibt es, den nicht Gewalt konstituierte und den Gewalt nicht aufrecht erhält. Demokratie kann eins nur von beidem bedeuten: entweder dass sie der Ideologie dient, die Gewalt des Staatsterritoriums zu konservieren, oder dass sie das Recht eines jeden Kollektivs bestreitet, auch über die nicht-zustimmenden Personen zu befinden.

Aufgabe der Soziologie

Verachtung der Massen bleibt ein stumpfes Schwert, falls wir uns nicht klar werden über die soziologischen Ursachen der Formierung von Massen. Diejenigen Kulturkritiker, egal ob von rechts oder links, die das Phänomen der Massen als eines des Zeitgeists, der Moderne oder des Kapitalismus bezeichnen, verschleiern dessen faktische Ursache: Demokratie.

das Recht, in Ruhe gelassen zu werden

Nehmen wir nun ein Bad in der Menge; tauchen wir ein in die Fluten, seien sie blutrot oder kackbraun. Ob Männer- oder Frauenphantasien, sie sollen mir recht sein, solange sie in ihrer Phantasie schwelgen und mir die Freiheit lassen, es mir in der meinigen heimisch zu machen.

Böse Masse, gute Masse

THEWELEITS *männerphantasie*[33] der Masse dekonstruiere ich als Beispiel einer rhetorischen Strategie, die auch heute noch auf linker wie rechter Seite des intellektuellen Spektrums benutzt wird: Stark in der Kritik, implizit aber wird eine Konstruktion vorgenommen, die, ans Licht gebracht, wie gesagt, auf tönernen Füßen steht.

Eine Vielzahl von Textstückchen präsentiert THEWELEIT, die die Metapher von der »(roten) Flut« bemühen, und leitet diese in dem ersten Band mit den Worten ein: »Der Bolschewismus muß eine Art Meer sein, das in Wellen heranbrandet, überschwemmt, verschlingt. Allenthalben gellt der ›Landunter!‹-Schrei, wo die ›Rote Flut‹ (u. a. ein Romantitel von Wilhelm WEIGAND über die ›Münch[e]ner Räterepublik‹) gesichtet wird.«[34] Die Masse agiert als Flut führer- und herrenlos, gleich einer Naturgewalt. Dem Impuls, den ein Leser verspüren mag, dieses Bild der führer- und herrenlos agierenden Flutmasse als ein Konstrukt der faschistischen Ideologie abzutun, begegnet THEWELEIT mit einer rhetorischen Frage: »Aber lügen diese Sätze denn?«[35] Derart legt er uns nahe, dass die rote, feuchte Flut voll jener Geilheit, die mit der Lava, dem Strömen, mit dem Schmutz, Schlamm und Schleim verbunden sein möge, tatsächlich kennzeichnend sein könnte für »das öffentliche Erscheinen revolutionärer Massen«, das »eine Folge von Dammbrüchen« ist.[36] Die »revolutionäre Masse« ist laut THEWELEIT in faschistischen Texten *bewußt* codiert »mit dem Komplex« der »verschlingenden Weiblichkeit«.[37] Für das Eingeständnis,

männer-phantasien dekonstruktiv gelesen

die rechte Flut-Metapher linker Massen …

… erzeugt die Illusion befreiender Massen

---

33 klaus THEWELEIT, *männerphantasien* (1977), Hamburg 1980. Band 1 *frauen, fluten, körper, geschichte.* Band 2 *männerkörper – zur psychoanalyse des weißen terrors.*

34 *männerphantasien*, Bd. 1, S. 236. Wilhelm WEIGAND (1862-1949), *Die rote Flut: Der Münchener Revolutions- und Rätespuk 1918/19*, München 1935.

35 *männerphantasien*, Bd. 1, S. 237.

36 *männerphantasien*, Bd. 2, S. 8.

37 *männerphantasien*, Bd. 2, S. 10. Mit »bewußt« meine er nicht, erläutert er in einer Fußnote, »absichtlich, sondern dem Bewußtsein zugänglich«.

dass die faschistischen Sätze der Flut-Metaphorik doch lügen,
müssen wir uns bis zum zweiten Band der *männerphanasien*
vortasten: Zum einen verachten die Faschisten keineswegs die
Masse *per se*, sondern bloß die, die eben führer- und herrenlos
agiert, nicht aber die geführte, »formierte, in Dammsysteme
gegossene« Masse.[38] Der Faschist wolle bedrohliche Massen
»in hierarchische Gebilde« umwandeln.[39] Das bleibt nicht der
einzige Widerspruch: Bei genauerer Analyse der Texte fällt
dann auf, dass »hinter« der linken Masse Aufrührer, Hetzer,
Rädelsführer, Strategen, ja sogar »Führer«[40] gesehen werden.
THEWELEIT präsentiert, einen Band seiner *männerphansasien*
voneinander getrennt, diese Bilder: 1. Ein italienisches Plakat
zum Sieg von 1945 über den Faschismus, »*Il bestiale fascismo e'
vinto! Socialista Italiano di Unità Proletaria*«, das einen Jüngling
nackt darstellt, der die Arme hochreißt und triumphierend
seinen Fuß auf den Hals eines gefesselten, am Boden knienden
Mannes in Business-Anzug setzt. Das Geschlechtsteil dieses
Jünglings ist verstümmelt. THEWELEITS Unterzeile: »Wer besiegt den Faschismus? Ein Sozialistenjüngling – geschlechts-
los«.[41] 2. Das Pendant im zweiten Band zeigt, kommentarlos,
einen Faschistenjüngling in ähnlicher Pose, bloß dass er in der
linken Hand die Hakenkreuzfahne hält – ein Wandgemälde
von Walther HOECK.[42]

THEWELEIT weiß um die Parallelität, die Parallelität rechter
und linker Sexualfeindlichkeit, die sowohl das Baden in der
Masse als auch den Abscheu vor ihr steuert. Er gesteht sie sich
selber jedoch nicht ein und enthält dem Leser die Aufklärung

hierarchische
versus
amorphe Masse

zwei
sprechende
Bilder

wissen
und schweigen

38 *männerphantasien*, Bd. 2. S. 8.
39 *männerphantasien*, Bd. 2, S. 105.
40 *männerphantasien*, Bd. 2, S. 32.
41 *männerphantasien*, Bd. 1, S. 176. Weiter hinten parodiert er die »Trocken-
leger« der »sexualfeindlichen Linken« mit ihrem »kommunistischen Männer-
geist« (S. 408). Da hätte ich doch glatt »besteigt« statt »besiegt« verschrieben.
Gesiegt über den Faschismus hat, nebenbei bemerkt, der US-Imperialismus
und nicht etwa das »vereinigte Proletariat des sozialistischen Italien«.
42 *männerphantasien*, Bd. 2, S. 285. Walther HOECK (1885-1956).

kommunistischer
Männergeist

vor. Der Faschismus organisiere, so analysiert es THEWELEIT, »die Wiedergeburt, die Auferstehung des gestorbenen Lebens in den Massen«; die »Nicht-Faschisten« hingegen hätten sie »weniger zu organisieren«, als »zu entfesseln«.[43] Er weiß, dass weder die historische Linke noch die seinerzeit aktuelle neue Linke mit seinem Rat etwas anfangen können. Wäre es denn möglich, dass im Konstrukt linker Massen ein Konstruktionsfehler steckt? Diese Frage erlaubte THEWELEIT sich nicht. Im Anschluss an die Beschreibung, die *männerphantasie* der gef***ten Masse mache den Faschisten scharf, sagt er lakonisch: »In einer Demokratie, wo das Volk wirklich wählte, kriegte er nie mehr einen hoch.«[44] Einige Seiten später aber bemängelt er dann an der *männerphantasie* von Einheit und »Ganzheitsleib«, dass »Interessenkonflikte zwischen den Menschen einer Gesellschaft, Widersprüche in dieser, die von verschiedenen Organisationen und Gruppierungen ausgetragen werden«[45] von der faschistischen Ideologie ignoriert bleiben. Also wählt »das Volk« nicht, nicht in der Einzahl und nicht einstimmig. Kritik am Faschismus muss Demokratiekritik beinhalten, d.h. Kritik an demokratischer Mobilisierung von Mehrheitsmassen, oder sie bleibt stecken in Schlamm und Scheiße.

Demokratie nimmt immer die Struktur an, dass die räumlich verstreuten Personen über die Vorgänge eines bestimmten Orts, mit dem sie in keinerlei Verbindung stehen, entscheiden. Wenn es keine außer-demokratischen Begrenzungen dessen gibt, über das die zufällige geografische Mehrheit ein Wort mitzureden habe, wie etwa Grundrechte, dann ist Demokratie

Achtung, Demokratie gefährdet deine Potenz

Demokratie: Symbol körperlicher Fremdbestimmung

---

43 *männerphantasien*, Bd. 2, S. 188. Der Konjunktiv *irrealis* steht, wohlgemerkt, bei THEWELEIT; hier nicht in Anführungszeichen, da sein Satz grammatikalisch etwas anders aufgebaut ist.

44 *männerphantasien*, Bd. 2, S. 100.

45 *männerphantasien*, Bd. 2, S. 104. – Die beiden Bände umfassen zusammen ungefähr 1 000 Seiten. Es kann demnach kein Platzmangel sein, dass nirgendwo deutlich wird, wie denn eine nicht die Potenz gefährdende Demokratie aussehen könnte, wie das Volk »wirklich« wählt, dabei eine Einheitlichkeit als Volk wahrt und zugleich Interessenkonflikte nicht scheut.

beredtes (Ver-) Schweigen der Utopie

die Verfügung Fremder über den eigenen Körper. Sie hat die Struktur der Überwältigung. Demokratie ist selbst für Demokraten nur dann erträglich, sofern ihr enge Grenzen gesetzt sind. Die Verfügung über den Körper, den die Mehrheit sich anmaßt, drückt sich *konkret* aus. Ob es nun das Verbot der gemischtrassigen Ehe in den USA von ehedem war oder das Verbot des Alkoholkonsums, ob es Drogenprohibitionen oder Rauchverbote sind, ob es die Versuche sind, in den Konsum von Zucker einzugreifen, oder ob es um die neuen Zwänge des Genderismus zu tun ist, es handelt immer sich um die gleiche Struktur der Gewalt.

Und vergessen wir nie, dass die Nürnberger Rassengesetze die Zustimmung der Mehrheit der Deutschen genossen. Falls geringfügige formelle Fehler in der demokratischen Legitimität der nationalsozialistischen Herrschaft ins Treffen geführt werden, so ist das nichts als das Pfeifen im düsteren Wald der Demokratie. Denn es steht außer Zweifel, dass es zumindest in den ersten Jahren dieser Herrschaft an Zustimmung der Mehrheit nicht gefehlt hat. Hat es an der Konformität gegenüber juristischen, aber willkürlichen Regeln gefehlt, so ist der Hinweis bloß ein weiterer Beleg, dass das Prinzip der Demokratie als Herrschaft der Mehrheit einer Bändigung durch nicht-demokratische Regeln bedarf – und zwar auch nach Maßgabe der gängigen Demokratietheorie. Demokratie ist demnach ein Biest, die leibhaftige Domina. Jedermann stimmt dieser Charakterisierung übrigens gern und umgehend zu, wenn eine Partei sich »am Drücker« befindet, die man selber verabscheut. Man pocht auf Demokratie bloß, solange man hofft, im Wind der Mehrheit kreuzen zu können. ... aber *die Mehrheit kennt kein Erbarmen.*

REMBRANDT Harmenszoon van Rijn (1606-1669), *Die Steinigung des Heiligen Stephanus*, 1625, Musée des Beaux-Arts, Lyon; gemeinfrei *via* The Yorck Project. Im Zusammenhang mit HITLER und dem Nationalsozialismus wird immer wieder von »Verführer«, »wir haben nicht hingeschaut« sowie »wehret den Anfängen« gesprochen. Aber wie verhindert man Verführtwerden ohne Eigenständigkeit, Widerstand und Ungehorsam? Jede Menge Menschen haben hingeschaut und den Anfängen gewehrt; doch sie wussten der Mehrheit und ihren Interessen nichts Ebenbürtiges anzubieten: Die Mehrheit kennt eben kein Erbarmen. Sei lyncht mit Steinen oder mit Worten, je nach der Gunst der Stunde.

Widerstand heißt Non- konformismus

Dort, wo der Staat aufhört, da beginnt erst der Mensch.
Also sprach Zarathustra

Die Mehrheit kennt kein Erbarmen
Das Pendel der Wählergunst

Dass Wahrheit sich keineswegs durch Abstimmung ermitteln lasse und nicht an der Zustimmung der Mehrheit hänge, stellt eine Binsenweisheit dar. Geht es bei einer demokratischen Abstimmung in der Politik aber um »Wahrheit«? Oder geht es nicht vielmehr darum, dass die Abstimmenden ihre *Interessen* formulieren und wahren können? Hierzu müssen sie jedoch eine Vorstellung dessen haben, was ihr (wahres?) Interesse sei. Wenn sie das nicht wissen, könnte man ebensogut um das Ergebnis würfeln. Soll bei der Abstimmung überhaupt nach dem Interesse jedes einzelnen Abstimmenden gefragt werden? Denn schließlich behauptet die Demokratie doch, dass sie die beste Methode wäre, um das Allgemeinwohl zu bestimmen. Wenn es ausreicht, dass jeder Einzelne seinem eigenen Interesse folgt, bedarf es gar keines politischen Prozesses, sondern jeder Einzelne könnte seine Entscheidungen auf dem Markt treffen, sei es beim Kauf eines Autos, sei es bei der Wahl einer Versicherung, sei es beim Engagieren eines Wachdienstes. Die Demokraten wollen demgegenüber wichtige Entscheidungen nicht »dem Wüten des anarchischen Markts« überlassen, von dem französischen anti-liberalen Soziologen Pierre BOUR-DIEU[46] »die Höllenmaschine« genannt. Hieran fällt auf, dass die Demokraten von den individuellen Entscheidungen eines jeden Einzelnen in der Masse als Kunde-Käufer annehmen, sie brächten unsinnige, asoziale oder wenigstens suboptimale Ergebnisse hervor, die individuellen Entscheidungen eines jeden Einzelnen in der Masse als Wähler aber für eine ebenso rechtschaffende wie rationale Planung halten.

Wahrheit oder Interesse?

46 Vgl. oben S. 17ff. Es ist kaum zu glauben, dass der, der Anfang der 1990er Jahre noch eine *Waffe gegen das Staatsdenken* in der Soziologie schmiedete, der gleiche sein soll, der Ende der 1990er Jahre die *Abdankung des Staates* beklagte.

Massen contra Mehrheiten

Für lange Zeit behaupteten die konservativen Kulturkritiker das Vorrecht zu fragen, ob demokratische Mehrheitsfindung zu irgendetwas gut sei, ausgenommen zu fatalen politischen Ereignissen sowie zur Herrschaft von Dummheit & Barbarei über Bildung & feine Manieren zu treiben. Allerdings lauerte auch bei vielen linken Revolutionären hinter einer rituellen Anrufung »der (Volks-) Massen« doch auch die tieferliegende Verachtung. Dass etwa LENIN resigniert bemerkte, ohne die Führung durch eine Avantgarde seien die Massen zu nichts anderem fähig als zu einem »Trade-Unionismus« (also der gewerkschaftlichen Durchsetzung einzelner Reformen anstelle einer grundsätzlichen Revolution), habe ich bereits zitiert.[47] Interessanterweise gebrauchten die Linken das Wort »Masse« meist im sinnwidrigen Plural: Damit deuteten sie an, ihnen sei schon klar, dass die Masse eben keine Einheitlichkeit darstellt, vielmehr aus Subgruppen unterschiedlichster Charakteristika zusammengesetzt ist.

brüchiger Burgfrieden

Demgegenüber haben die »Gemäßigten« zwischen links und rechts sich in den ersten Jahrzehnten nach dem zweiten Weltkrieg, vor allem während der 1950er Jahre, im System der sogenannten westlichen parlamentarischen und pluralistischen Demokratie häuslich eingerichtet. Dies ging so lange, wie die Mehrheit mit Kandidaten und Parteien zufrieden war, die im Prinzip ziemlich austauschbar blieben und die Verwaltungen mehr oder weniger sich selber überließen. Doch hinter den Kulissen wirkte ein Mechanismus, der zum fortwährenden Staatswachstum führte. Zum einen bringt jede Staatstätigkeit mehr Probleme hervor, als sie lösen kann. Zum anderen muss

---

47 Vgl. oben Fn. 28. – Eine eigene Erinnerung ist sicherlich nicht repräsentativ, aber bezeichnend. Um die Mitte der 1970er Jahre hielt ich dem Wortführer der maoistischen KPD, die die Schülerschaft des Gymnasiums, das ich besuchte, dominierte, vor, die Massen, von denen er spreche, wählten nun mal SPD und CDU. Er brauste auf, seine Partei würde für eine Demo 20 000 Leute auf die Straße bringen, da könne ich ja *nicht* sagen, die Partei sei *nicht* in den Massen verankert. Was für eine herrlich verräterische doppelte Verneinung …

jeder demokratische Politiker, der gewählt werden will, versprechen, die Probleme durch seine Tätigkeit zu lösen: Ihm bleibt damit nichts weiter übrig, als die Ausweitung der Staats zu veranlassen. Hierbei hielten die Akteure sich etwas darauf zugute, keiner Ideologie zu folgen, sondern bloß das »Notwendige« zu tun; die Akteure wurden »Sozialtechnokraten« genannt.

Ideologie der Ideologie- losigkeit

Ein erstes Aufbegehren gegen die Tendenz der Sozialtechnokraten war die Unruhe von Jugendlichen in den 1960er Jahren, vor allem Studenten und Schülern, die sich politisch als die *Neue Linke* bezeichneten. Sie setzten, weil sie parlamentarisch (noch) nicht mehrheitsfähig waren, auf staatsfreie Räume und auf »Basisinitiativen«. Die Sozialtechnokraten warfen ihnen immer wieder vor, »nicht-« oder gar »anti-demokratisch« zu sein. Gleichzeitig erfüllten sie in ihrem Bestreben, eine möglichst breite Legitimation für ihre eigene Agenda zu schaffen, immer mehr Forderungen aus dem Lager der linken Kritiker. Unterdessen waren sie allerdings stets darauf bedacht, dass die Umsetzungen der Forderungen innerhalb des bestehenden Systems verblieben: Auf diese Weise wurden die Kritiker integriert und mit zunehmendem Erfolg integrierten sie sich selber. Diese Integration aber hatte einen hohen Preis. Der Staat wuchs überproportional und die Beschränkungen der produktiven Tätigkeiten wurden dermaßen drastisch, dass in der Schere zwischen steigenden Ausgaben und schwächelnder Konjunktur eine Finanzierungskrise auftrat.

die historische Bedeutung der Neuen Linken

Das Pendel schlug Ende der 1970er und Anfang der 1980er Jahre zurück und es traten Politiker an, die eine Begrenzung des Staats und womöglich sogar einen Abbau des Staats als Kur forderten: »*Roll back the State*«, lautete etwa die Parole der »Reagan-Revolution« in den USA. Für diese Politiker und die hinter ihnen stehenden Bewegungen waren die Sozialtechnokraten durchweg »Linke«. In vielen westlichen Demokratien erlangten sie Mehrheiten. Die Akteure handelten nun

roll back the State

ebenso wie die Sozialtechnokraten in den 1970er Jahren: Sie integrierten die Kritiker des ausufernden Staats durch Maßnahmen, die den Staat stabilisierten, aber auf eine Weise, die die Interessen derer, die von der Staatstätigkeit profitieren, nicht verletzte, ja womöglich gar noch besser bediente.

Illusion des Abbaus von Staat

Dennoch war in jenen Jahren bei den konservativ-liberalen Kräften die Illusion verbreitet, mit Wahlen etwas gegen das Staatswachstum unternehmen zu können. Ich entsinne mich eines libertären Vertreters aus den Reihen der Tories (britische Konservative), der auf einer Konferenz verkündete, »nie wieder« werde es Labour (britische Sozialdemokraten) gelingen, die Macht an sich zu reißen.

linksgestrickt

Weit gefehlt. Die nicht-revolutionäre, reformistische Linke regenerierte sich schnell und formierte sich neu. Und zwar regenerierte sie sich in genau der Form, in der die neoliberale »Reagan-Revolution« sie aus den Ämter gefegt hatte, nämlich fixiert auf den Staat als dem Hebel, eigene Meinungen allen einzuimpfen. Emanzipation, Individualität und Nonkonformismus als Ideale waren vergessen. Diesen Linken gelang es in den 1990er Jahren nun nicht nur, die Macht zurückzuerobern, sondern dann in den 2000er Jahren darüber hinaus etablierte konservativ-liberale Parteien zu unterwandern: Sie schworen sie auf ihr linkes Programm ein. Nun fühlten sie sich unbesiegbar. Die verbliebenen konservativ-liberalen Kräfte

Demokratie bringt die Merkel-Monster hervor

besannen sich ihrer alten Skepsis gegen die Demokratie und leckten ihre Wunden. Die Horrorvision: »Demokratie bringt Merkel-Monster hervor.«

rechtsgestrickt

Doch die Linken irrten sich (wie weiland die Neoliberalen), denn nun entstanden, indessen das Pendel die Richtung erneut wechselte, »(rechts-) populistische« Bewegungen außerhalb des etablierten Parteiensystems (oder zwar innerhalb von etablierten Parteien, aber außerhalb des sie beherrschenden Apparats). Mit den sich einstellenden Wahlerfolgen und mit einem möglichen Machtgewinn vor Augen, vergessen sie ihre ursprüngliche kritische Haltung gegenüber der Demokratie und Politik. Nun sind es die in ihrer Macht bedrohten Linken, die nachdenklich werden, ob man wirklich der wechselnden Gunst des Pöbels (ein traditionell konservativer und rechter Begriff!) die Entscheidungen überlassen sollte. Die Horrorvision: »Demokratie bringt TRUMP-Monster hervor.« Erbost pochen nun Rechtspopulisten darauf, dass das zu geschehen habe, was »das Volk« sage.

Demokratie bringt die Trump-Monster hervor

Aber die Mehrheit kennt kein Erbarmen, nicht den Rechten gegenüber, nicht den Linken gegenüber, und schon gar nicht den Gemäßigten gegenüber. Die Mehrheit reagiert auf die Probleme, welche der Staat schafft; aber indem – oder besser: solange – sie es innerhalb des demokratischen Systems tut, kommt sie über das Hin und Her des schwingenden Pendels der Politik nicht hinaus. Da das zugrunde liegende Problem nicht gelöst wird, muss es immer das Ventil einer Rebellion geben, die den Anschein erweckt, als werde »etwa getan« oder »etwas unternommen«, als gelte es »gegen etwas bzw. für etwas zu kämpfen«. Am Ende bleiben die Profiteure der Staatstätigkeit stets die Sieger.

patentgestrickt

Das Pendel schwingt hin und her. Aber nichts hält den Staat auf. Jedenfalls nicht Wahlen. Was ihn aufhalten könnte, wäre eine radikale Kritik an der Demokratie und dem System der Politisierung selber. Was wir brauchen, ist die Einsicht, dass es tatsächlich keine Mehrheiten sind, die die Wahrheit zu Tage fördern. Auch nicht Menschenwürde, Frieden & Freiheit.

Mehrheiten gegen Wahrheit

BOURDIEU gibt ein Beispiel für die Beherrschung öffentlicher Meinung: Was tun?, fragt er, wenn die aufgeklärte Meinung *gegen*, die faktische Mehrheit jedoch *für* die Todesstrafe sei. »Man setzt eine Kommission ein. Die Kommission begründet eine aufgeklärte öffentliche Meinung, die im Namen der öffentlichen Meinung die aufgeklärte Meinung als legitime Meinung einsetzt – obgleich die öffentliche Meinung das Gegenteil meint.« Zustimmend zitiert er dann die Definition der öffent-

öffentliche Meinung beherrschen: und wieder die Kommission lichen Meinung eines englischen Parlamentsabgeordneten aus dem 19. Jahrhundert, sie sei zu einem beliebigen Gegenstand die Einstellung, »welche die am besten unterrichteten, klügsten und moralischsten Personen in einem Gemeinwesen vertreten. Diese Meinung verbreitet sich allmählich und wird von all den Personen übernommen, die mit einer gewissen Bildung und einer dem zivilisierten Staat geziemenden Einstellung versehen sind.« BOURDIEU, lapidar: »Die Wahrheit der Herrschenden wird zur Wahrheit aller.« [Hier höre ich BOURDIEU verlegen hüsteln.] Diese »Definition wäre die offizielle, wäre sie nicht in einer demokratischen Gesellschaft unannehmbar.«[48] Kann es sein, dass er ein solches Theater der öffentlichen Meinung – ihrer Herstellung und Beherrschung, ihrer charakteristischen Pendelbewegung – für die ideale und zu bewahrende politische Verfassung der Gesellschaft erklärt? Einige Jahre nach diesem Vortrag *wird* er es tun.

wie die Wahrheit der Herrschenden zur Wahrheit aller wird

… und auch die Grünen behaupten immer noch, und das hartnäckig, ihre Partei *macht* Politik für die Massen, von denen sie immer noch nicht gewählt wird (für die Analyse die ehrlichen Wahlergebnisse checken!).

Die Mehrheit kennt kein Erbarmen, auch nicht mit einer altehrwürdigen Partei wie der SPD, wenn die soziale Lage und die damit einhergehenden ökonomischen Interessen sich gewandelt haben, »die Partei« es jedoch nicht versteht. Sie redet einer herrschenden Meinung, Meinung der Herrschenden, nach dem Munde, die im Verschwinden begriffen ist. Es wird Zeit für eine neue Bewegung der Freiheit. Die Freiheit führe das Volk (und nicht umgekehrt).

---

am Beispiel der Todesstrafe

48 *Über den Staat*, S. 122f. Wenn wir die Ablehnung der Todesstrafe der eher progressiven, deren Befürwortung der eher konservativen Strömung zuordnen (wobei dann die real existiert habenden real-sozialistischen Staaten als nicht progressiv einzustufen wären), Skepsis gegen Mehrheiten in der konservativen, Nachdruck auf Demokratie in der progressiven Haltung verorten, hakt es bei diesem Beispiel: Die Progressiven stellen sich *gegen*, die Konservativen aber *für* eine Mehrheitsentscheidung. Das Pendel schwingt unbestechlich.

Ehrliches Wahlergebnis,
Beispiel Bundestagswahl 2017

Wahlbeteiligung: 75,6 %		
AMTLICH	*versus*	EHRLICH
32,9 %	CDU/CSU	24,9 %
— —	Nichtwähler	24,4 %
20,5 %	SPD	15,7 %
12,6 %	AfD	9,9 %
10,7 %	FDP	7,9 %
9,2 %	Linke	7,1 %
8,9 %	Grüne	6,7 %

Die unter Schmerzen zustande gekommene Koalition der Regierung weiß statt 53,4 % bloß 40,6 % aller Wahlberechtigten hinter sich. Dabei ist es durchaus ungewiss, wie viele oder wie wenige der 24,9 % an CDU/CSU-Wählern eine Koalition mit der SPD bzw. der 15,7 % an SPD-Wählern eine Koalition mit der CDU/CSU gutheißen. *Probleme über Probleme*

Drei der Parteien, die es zusammen auf kein viertel der Wahlberechtigten bringen, reklamieren übrigens hartnäckig, dass sie im Namen »des« Volks sprechen könnten und zumindest die *moralische* Mehrheit hinter sich wüssten. Gerade für die Grünen und die Linken ist das eine Position, die ihnen durchaus peinlich sein sollte (es aber nicht ist), denn schließlich war die Rede von der moralischen oder schweigenden Mehrheit eine, die Richard NIXON gegen den linkspopulistischen Ansturm der 1960er Jahre in Stellung gebracht hat. Geschichte wiederholt sich, das erste Mal als eine Tragödie und dann als die Schmierenkomödie. *wer ist das Volk?*

Die Mehrheit kennt kein Erbarmen, aber sie ist in Wahrheit die Minderheit. Das sei nun kein Argument für eine »bessere« Demokratie, sondern für *weniger* Demokratie.

Die Präsidenten der USA

1	George WASHINGTON	1789 – 1797, parteilos (*Quasi-Föderalist*)
2	John ADAMS	1797 – 1801, Föderalist
3	Thomas JEFFERSON	1801 – 1809, Demokrat-Republikaner
4	James MADISON	1809 – 1817, Demokrat-Republikaner
5	James MONROE	1817 – 1825, Demokrat-Republikaner
6	John Quincy ADAMS	1825 – 1829, Demokrat-Republikaner
7	Andrew JACKSON	1829 – 1837, Demokrat
8	Martin VAN BUREN	1837 – 1841, Demokrat
9	William Henry HARRISON	1841, Whig (*Vorläufer der Reps*)
10	John TYLER	1841 – 1845, Whig (*Quasi-Demokrat*)
11	James POLK	1845 – 1849, Demokrat
12	Zachary TAYLOR	1849 – 1850, Whig
13	Millard FILLMORE	1850 – 1853, Whig
14	Franklin PIERCE	1853 – 1857, Demokrat
15	James BUCHANAN	1857 – 1861, Demokrat
16	Abraham LINCOLN	1861 – 1865, Republikaner
17	Andrew JOHNSON	1865 – 1869, Demokrat (*Quasi-Rep*)
18	Ulysses S. GRANT	1869 – 1877, Republikaner
19	Rutherford B. HAYES	1877 – 1881, Republikaner
20	James Abram GARFIELD	1881, Republikaner
21	Chester Alan ARTHUR	1881 – 1885, Republikaner
22	Grover CLEVELAND	1885 – 1889, Demokrat
23	Benjamin HARRISON	1889 – 1893, Republikaner
24	Grover CLEVELAND	1893 – 1897, Demokrat
25	William McKINLEY	1897 – 1901, Republikaner
26	Theodore ROOSEVELT	1901 – 1909, Republikaner
27	William Howard TAFT	1909 – 1913, Demokrat
28	Woodrow (Thomas) WILSON	1913 – 1921, Demokrat
29	Warren Gamaliel HARDING	1921 – 1923, Republikaner
30	Calvin (John) COOLIDGE	1923 – 1929, Republikaner
31	Herbert Clark HOOVER	1929 – 1933, Republikaner
32	Franklin Delano ROOSEVELT	1933 – 1945, Demokrat
33	Harry S. TRUMAN	1945 – 1953, Demokrat
34	Dwight (Ike) EISENHOWER	1953 – 1961, Republikaner
35	John Fitzgerald KENNEDY	1961 – 1963, Demokrat
36	Lyndon Baines JOHNSON	1963 – 1969, Demokrat
37	Richard Milhouse NIXON	1969 – 1974, Republikaner
38	Gerald Rudolph FORD	1974 – 1977, Republikaner
39	Jimmy CARTER	1977 – 1981, Demokrat
40	Ronald Wilson REAGAN	1981 – 1989, Republikaner
41	George Herbert BUSH	1989 – 1993, Republikaner
42	William (Bill) CLINTON	1993 – 2001, Demokrat
43	George W. BUSH	2001 – 2009, Republikaner
44	Barack Hussein OBAMA	2009 – 2017, Demokrat
45	Donald TRUMP	2017 – Republikaner

das Pendel, wie es schwingt, schneller und schneller

die Demokraten bildeten die liberale, die Republikaner die progressive Partei

bis sie 1933 die Seiten tauschten

Reagan war der erste Republikaner, der einen auswärtigen Krieg initiierte

Demokratie in Amerika
Vom schleichenden zum galoppierenden Staatsausbau

Viele der frühen und einige der späteren nachdenklichen Verfechter der Demokratie waren sich durchaus einiger Gefahren bewusst, die in der schlichten Form einer »Befragung« der Mehrheit lauern. Dass die Mehrheit der Bevölkerung – oder emphatisch: des Volks – nicht *per se* über die Weisheit und die Expertise verfüge, in politisch schwierigen Fragen die richtige oder die optimale Antwort zu finden, hatten sie durchaus im Blick. Sie hofften darauf, der Prozess einer öffentlichen, von gegenseitiger Toleranz und Achtung getragenen Diskussion würde die Wähler informieren und läutern.

Weisheit des Volks?

Läuterung durch Diskussion?

Allerdings war das Ideal der Diskussion, das hier als Modell galt, an den Austausch in philosophischen, wissenschaftlichen und politischen Zirkeln gebunden. Diese Zirkel zeichneten sich durch drei Charakteristika aus: Sie konnten *erstens* nichts entscheiden, was einem Vertreter der jeweils unterliegenden Partei schadet; sie blieben *zweitens* klein und überschaubar; schließlich war die Mitgliedschaft in ihnen *drittens* freiwillig. Alle drei Charakteristika trafen von Anfang an auf politische Wahlen nicht zu: Als sich zum Beginn der amerikanischen Republik Alexander HAMILTON[49] 1791 etwa gegen Thomas JEFFERSON[50] durchsetzte mit seinem Bemühen, eine Zentralbank zu gründen, fiel es JEFFERSON schwer, an sich zu halten und das zu akzeptieren, denn HAMILTON hatte ja nicht eine private Institution gegründet, sondern eine, die für die ganze

das Modell …

… ist unzutreffend

das Beispiel von 1791

49 Alexander HAMILTON (1755-1804). Er war Zentralist und Militarist, trat zugleich gegen Sklaverei ein. So begründete er die für den US-amerikanischen Liberalismus fatale Fehlzuordnung politischer Positionen.
50 Thomas JEFFERSON (1743-1826), mehr als HAMILTON *die* Identifikationsfigur US-amerikanischer Nationalseele. Dezentralisten wie Zentralisten, Anhänger wie Gegner der Sklaverei, Minimal- wie Maximalstaatler, Kapitalisten wie Antikapitalisten berufen sich auf ihn, jeweils nicht ganz zu Unrecht.

Alexander Hamilton vs. Thomas Jefferson

Republik stand. Selbst zu der Zeit, als nur wenige Prozent der Bevölkerung überhaupt wahlberechtigt waren,[51] gestalteten die politischen Kampagnen sich nicht als Diskussionen im vertrauten Kreis, vielmehr als eine Propaganda vor anonymen Massen. Und die Entscheidungen, die getroffen wurden, erstreckten sich definitiv auch auf Personen, die ihnen nicht zustimmten und denen sie schadeten (zum Beispiel klarerweise bezogen auf Sklaven).

Mit steigender Einwohnerzahl der Republik und mit der Ausweitung der Wahlberechtigung entwickelte die Politik in den USA sich immer mehr zur Massendemokratie, in der Wahlkämpfe zu regelrechten Volksfesten & Kirmesveranstaltungen ausarteten. Der erste, mit dem man den Begriff der »Massendemokratie« verband, war Andrew JACKSON (1767-1845), Präsident von 1829 bis 1837. Es war zu dieser Zeit, dass der konservative Franzose Alexis DE TOCQUEVILLE die USA bereiste und 1835 das berühmte Buch »*Demokratie in Amerika*« schrieb.[52] Seitdem ist es der Klassiker, der die Auswüchse der

51 Nach einem (erfolglosen) Farmer-Aufstand waren »fünf bis sechs« Prozent Wahlbeteiligung 1787 »fast drei Mal so viel« wie 1786. Teilnahmeberechtigung hatten (in z. B. Massachusetts) zwischen 16 und 17 Prozent. Charles BEARD, *An Economic Interpretation of The Constitution of The United States* (1913), S. 243.
52 Alexis DE TOCQUEVILLE, *Über die Demokratie in Nordamerika*, Zweiter Theil, Leipzig 1836: »*Allmacht der Mehrheit [...], und deren Wirkungen.*« »Die Unumschränktheit liegt im Wesen der Mehrheit, in den demokratischen Regierungen, denn außer der Mehrheit kann ihr daselbst nichts Widerstand leisten.« (S. 101.) »Alle Partheien sind bereit, die Rechte der Mehrheit anzuerkennen, weil alle hoffen, sie einstens zu ihrem Vortheil benutzen zu können.« (S. 104.) | »*Tyrannei der Mehrheit.*« »Was ist denn die Mehrheit in ihrer Gesammtheit anders, als ein Einzelner, welcher Meinungen und oft sogar Interessen hat, die einem anderen Einzelnen der Minderzahl entgegen sind? Muß man nun zugeben, daß ein mit Allmacht begabter Mensch solche wieder seine Gegner mißbrauchen kann, warum will man das Nämliche bei der Mehrheit nicht als möglich zugeben? Haben die in einer Staatsgesellschaft sich verbindenden Menschen darum ihren Character verändert? [...] Wenn man gestehen muß, daß ein Volk wider ein anderes tyrannisch handeln kann, warum will man denn leugnen, daß die Partheien in einem gleichen Verhältnisse zu einander stehen können? Was mich anbetrifft, so werde ich, wenn ich einem Einzelnen, der als Mensch mir gleich steht, das Recht, alles zu thun, was ihm beliebt, nicht einräume, dies eben so wenig einer

Demokratie angreifbar macht. Auf der einen Seite lobte DE TOCQUEVILLE den Bürgersinn der jungen Republik, die Begeisterung der Bürger, sich für das Gemeinwesen einzusetzen; andererseits führe dies zu einem sich stetig zentralisierenden politische Gebilde, in welchem der Einzelne schließlich keine Stimme und Bedeutung mehr habe: Dies ist das Paradox der »Demokratie in Amerika«.

Paradox der Demokratie in Amerika

Allerdings war JACKSON inhaltlich ein treuer Anhänger der Ideen JEFFERSONS. Mit seinen Massenkampagnen versuchte er, gegen das gerade neu entstandene politisch-ökonomische Establishment mobil zu machen; vor allem ging es ihm um die Abschaffung der gegen JEFFERSONS Willen eingerichteten Zentralbank. Murray ROTHBARD bejubelt die »*Democratic Party*« (ja, wahrhaftig der Ursprung der heutigen CLINTON- und OCASIO-CORTEZ-Partei) von Andrew JACKSON als eine »libertäre Partei«.[53] Allerdings hatte deren libertäres Profil einen »Schönheitsfehler«: Sie trat ein für die Erhaltung der Sklaverei. Über die Frage spaltete sie sich und verlor aufgrund

Democrats als libertäre Partei?

Schönheitsfehler

Mehrzahl zugestehen.« (S. 107f.) »Was ich am meisten der demokratischen Regierung, wie sie in den vereinigten Staaten eingerichtet ist, zur Last lege, das ist nicht ihre Schwäche, wie viele Europäer behaupten, sondern vielmehr ihre unwiderstehliche Kraft; und was mir in Amerika am meisten widerstrebt, das ist nicht die dort herrschende höchste Freiheit, sondern die dort nicht anzutreffende Gewähr wider die Tyrannei.« (S. 109.) | »*Wirkungen der Allmacht der Mehrheit auf die Wüllkühr der amerikanischen Staatsbeamten.*« »Man muß hier die Willkühr von der Tyrannei unterscheiden. [...] In der Regel läßt das Gesetz den amerikanischen Beamten weit freiere Hände, als wir das in Europa gewohnt sind. [...] Bisweilen erlaubt ihnen sogar die Mehrheit, auszuschreiten. Geschützt durch die Meinung der Mehrheit, und stark durch ihre Mitwirkung, wagen sie dann Dinge, wovon selbst ein an manche Willkührlichkeiten gewohnter Europäer erstaunt.« (S. 111.) | Ein Beispiel für die »*Willkühr der Magistrate unter der Herrschaft der amerikanischen Demokratie.*« »In Neuengland können [...] Magistrate in den Wirthshäusern die Namen der Trunkenbolde anschlagen, und bei Geldstrafe den Wirthen verbieten, ihnen geistige Getränke zu reichen. [...] Eine so strenge Sittencensur würde das Volk in der absolutesten Monarchie zum Aufruhr bringen können, und in Amerika unterwirft man sich solcher Strenge ruhig.« (S. 45f.) Alexis DE TOCQUEVILLE, 1805-1859.

Allmacht der Mehrheit

53 »Der nicht mehr im Amt befindliche JEFFERSON [...] [inspirierte] die [...] Politiker Martin VAN BUREN und Thomas Hart BENTON, eine weitere Partei –

Rothbard

dessen 1861 die Macht. ROTHBARD suggeriert, sie hätte sich durchsetzen können, wenn sie in diesem Punkt konsequent libertär gewesen sei. Dies ist in mehrfacher Hinsicht zweifelhaft. Zum einen basierten ihre Wahlerfolge offenbar bei einer bestimmten Wählerklientel tatsächlich auf dem Programmpunkt pro Sklaverei. Hätte sie die Mehrheit auch ohne diese Klientel erringen und halten können? Zudem ist die Demokratie immer durch eine Pendelbewegung von rechts nach links und zurück gekennzeichnet, da der Staat die Aufgaben nicht löst. ROTHBARD wusste das natürlich. Aber er glaubte, die *Democrats* hätten den Staat so weit reduziert, dass die Aufgaben durch den Markt hätten gelöst werden können. Doch ROTHBARD blendete aus, dass neben der Sklaverei auch andere Widerhaken im Programm der *Democrats* und in der Regierungstätigkeit von JACKSON lauerten. So schlug er die Weigerung von South California, eine 1828 eingeführte Zollbestimmung umzusetzen, mit der Drohung nieder, Militär zu entsenden. Hier sind gleich zwei anti-libertäre Probleme zu

die ›Democratic Party‹ – zu gründen, um Amerika vom derzeitigen Zentralismus der ›Federalists‹ wegzuführen und den alten Geist von JEFFERSONS Programm wiederzubeleben. Als die beiden jungen Führer auf Andrew JACKSON als ihren Retter trafen, war [1828] die ›Democratic Party‹ geboren. Die JACKSONIANISCHEN Libertären hatten einen Plan: Ab 1829 sollte Andrew JACKSON, danach VAN BUREN, schließlich BENTON jeweils für acht Jahre lang als Präsident amtieren. Nach 24 Jahren einer triumphalen JACKSONIANISCHEN Demokratie sollte das MENCKENSCHE Ideal eines im Grunde nicht existierenden Staates erreicht sein. Das war keinesfalls ein unerfüllbarer Traum, nachdem sich herausstellte, dass die ›Democratic Party‹ schnell zu der dauerhaften Mehrheitspartei im Lande wurde. Die Masse der Menschen beteiligte sich an der libertären Sache. [...] Doch dann kam ein schicksalhaftes Ereignis dazwischen: Die ›Democratic Party‹ verstritt sich über das kritische Thema der Sklaverei, genauer über die Expansion der Sklaverei in ein weiteres Gebiet. VAN BURENS eigentlich sichere Wiedernominierung scheiterte an einer Spaltung innerhalb der ›Democrats‹ über die Zulassung von Texas als Staat mit Sklaverei zur Union. VAN BUREN war dagegen, JACKSON dafür. Die Spaltung [1860] symbolisierte einen tiefen Riss in der ›Democratic Party‹. Die Sklaverei, das ernste anti-libertäre Problem im libertären Programm der ›Democrats‹, führte dazu, dass diese libertäre Partei vollständig Schiffbruch erlitt.« Murray ROTHBARD, *Für eine neue Freiheit* (1973/78), Berlin 2015, Band 1 (edition g. 102), S. 198ff.

verzeichnen, nämlich *erstens* die Einführung eines Zolls sowie *zweitens* der militärische Zwang der Zentralregierung gegenüber einem Bundesstaat. Hier wurde kein anderes Prinzip als Abraham LINCOLNs später wirklich erfolgte militärische Verhinderung der Sezession der Südstaaten exekutiert.

Darüber hinaus etablierte JACKSON das *»spoils system«*, demzufolge Unterstützer des Siegers einer politischen Wahl mit Ämtern belohnt werden. Das ist Motor des Staatswachstums *par excellence.* Heute ernennt ein US-Präsident tausende von Stelleninhabern.

Schließlich war JACKSON (ganz im Gegensatz zu JEFFERSON) ein Indianerhasser und unter seiner Präsidentschaft wurde 1830 das *»Indian Removal Act«* als staatliches Umsiedlungsprogramm verabschiedet.

ROTHBARD entgegen schätzte der »linke« Anarchist Paul GOODMAN[54] die JACKSONsche Massendemokratie als Niedergang des JEFFERSONschen Ideals ein (obgleich JEFFERSON selbst es war, der nach seinem Ausscheiden aus der aktiven

---

54 Paul GOODMAN, *The Devolution of Democracy,* in: ders., *Drawing the Line,* New York 1962, S. 55, S. 69f: »Demokratische Macht entspringt einer aufgeklärten Wählerschaft. [...] Für JEFFERSON bestand der Hauptnutzen der Demokratie darin, die Wählerschaft (und damit sich selber) zu verbessern; die Leute lernen, indem sie Entscheidungen treffen, Fehlermachen eingeschlossen. Er bevorzugte die Dezentralisation, weil die Leute sinnvoll nur über etwas entscheiden können, was sie aus der Nähe kennen. [...] Mit der JACKSONianischen Revolution wurde die demokratische Idee aufgegeben, wie DE TOCQUEVILLE schnell herausfand, da die Macht nun in der Mehrheit der Leute residierte, so wie sie waren, mit ihren Leidenschaften und Vorurteilen, ohne erzogen zu werden durch das verantwortliche Geben und Nehmen in der Begegnung von Angesicht zu Angesicht, um pragmatische Entscheidungen zu treffen und die Steuergelder sinnvoll einzusetzen. Stattdessen entscheiden die Leute nun nur noch über Standpunkte und Parteiprogramme. Dies war das Einfallstor für Demagogen und Parteiführer, um an die Macht zu gelangen, und Lobbyisten, die Stimmen und Geld einsetzen konnten, um die Politiker in ihrem eigenen Sinne zu beeinflussen. [...] Der Zusammenbruch des Systems 1929 brachte den Stachel der öffentlichen Beteiligung zurück, in mancherlei Hinsicht dem Zeitalter von JACKSON nicht unähnlich. Aber der Stachel wurde rasch wieder integriert in die bürokratische Zentralregierung mittels des Paternalismus von [F.D.] ROOSEVELT und seinen Behörden.«

Politik die Gründung der »*Democratic Party*« zur Verwaltung seines Erbes angeregt hatte). Er hielt er an der ursprünglichen Idee fest, dass Demokratie im emphatischen Sinne bloß dezentral sich in selbstverwalteten Gemeinschaften und *face-to-face-communities* verwirklichen lasse. Obwohl ich inzwischen in den vielen Fragen mehr zu ROTHBARDS als zu GOODMANS Position neige, bin ich in Punkto JACKSON der Überzeugung, dass ROTHBARD einer politischen Illusion erlegen ist, seinem Wunsch, es möge möglich sein, den Staat durch Wahlen und Politiker zu Fall zu bringen, während der sonst so emotionale GOODMAN die kühlere Analyse lieferte.

Illusion des politischen Wegs

Selbst die gegenüber der ursprünglichen Idee verstümmelte Massendemokratie in westlich parlamentarisch-pluralistischer Form bedarf für ihre Existenz des »Burgfriedens« der herrschenden Klasse: Jede Fraktion muss bereit sein, ihr eventuelles Unterliegen in einer Wahl hinzunehmen. Dies gewährt den Mitgliedern der herrschenden Klasse einen Vorteil gegenüber diktatorischen Systemen, in denen solche Machtkämpfe blutig ausgetragen werden. Der Vorteil erstreckt sich sogar auf die Klassen der Beherrschten, denn auch sie haben unter blutig ausgetragenen Machtkämpfen zu leiden. Dieser »Burgfrieden« beinhaltet allerdings die Zementierung des Systems, an der nun nicht nur die gerade an der Macht befindliche Fraktion der herrschenden Klasse mitwirkt, sondern zudem jeweils unterlegenen Fraktionen. Das System wird hermetisch abgeriegelt.

demokratischer Burgfrieden, Reprise

Doch der »Burgfrieden« gerät mitunter in Gefahr, nämlich immer dann, wenn es für eine der an einem Machtkampf befindlichen Fraktionen um eine Frage »auf Leben und Tod« geht. So ist der Burgfrieden im Vorfeld des amerikanischen Bürgerkriegs in die Binsen gegangen. Wir wissen zwar, dass die Sklaverei nicht die tiefere Ursache des Bürgerkriegs war: LINCOLN und die Nordstaaten boten an, den Fortbestand der Sklaverei zu tolerieren, wenn die Union erhalten bliebe; an der Seite der Südstaaten kämpften auch entschiedene Gegner der

Zusammenbruch des Burgfriedens, Beispiel amerikanischer Bürgerkrieg

Sklaverei. Die tiefere Ursache des Bürgerkriegs hatte eine ökonomische Natur: Der Süden erwirtschaftete den Staatshaushalt, in den Norden aber flossen die meisten Mittel. Zudem bedrohte die Schutzzollpolitik für die im Norden keimende Industrie die Baumwollexporte des Südens und damit dessen wirtschaftliches Rückgrat. Zweifellos lief die Mobilisierung der Massen für den Krieg jedoch gerade nicht über diese wirklichen Kriegsursachen, sondern über die Sklavenfrage. Die Masse der Weißen im Süden war der Meinung, ohne Sklaverei nicht leben zu »können«. Die Sklaven dagegen hatten keine (politische) Stimme.

Differenz zwischen Kriegsursache und Ideologie

Es ist ein Fehler, die Grundlage der USA allein im Liberalismus sowie im Eintreten für bürgerliche und wirtschaftliche Freiheiten zu sehen. Besonders der Puritanismus tendierte dazu, sowohl die Freiheit in der individuellen Lebensführung als auch die im Wirtschaften zu negieren und an die Stelle dessen örtliche Theokratien zu setzen. Bis heute ist das Leben und die Politik in den USA vom Widerspruch zwischen Freiheit und Tyrannei gekennzeichnet. Extreme Bevormundungen stellen zum Beispiele die vergangene Alkohol- und die gegenwärtige Drogenprohibition mit ihren grässlichen Folgeerscheinungen oder die Tatsache dar, dass die weltweiten Rauchverbote in den USA ihren Anfangspunkt genommen haben. Die wirtschaftliche Freiheit hat sich teils gegen den erbitterten Widerstand der Puritaner durchgesetzt einfach dadurch, dass die liberaleren Regionen sich ökonomisch besser entwickelten. Die politische Freiheit war ein Minimalkonsens der unterschiedlichen religiösen Gruppen, sich gegenseitig gewähren zu lassen. Führende liberale Denker, Politiker und Revolutionäre wie Thomas JEFFERSON und James MADISON[55] formulierten es als das besondere Problem der jungen Demokratie, die Entstehung lokaler Tyranneien zu verhindern.

Widerspruch zwischen Freiheit und Tyrannei als Grundlage der USA

55 James MADISON (1751-1836) focht zunächst mit HAMILTON (vgl. Fn. 49) *für* die Union und dann mit JEFFERSON *gegen* deren Überhandnahme.

erste Schritte vom Minimal- zum Maximal- staat

Nach der Revolution verfiel der liberale »Nachtwächterstaat« der USA einem zunächst schleichenden Ausbau. Ein erster Schritt war überhaupt die Formierung einer politischen Zentrale mit Verfassung anstelle eines losen Staatenbundes, den die liberalen »*anti-federalists*« (zu denen JEFFERSON neigte, ohne ihnen anzugehören) bevorzugt hätten; der Anarchist der JEFFERSONianischen alten (anti-autoritären) amerikanischen Rechten Albert Jay NOCK (1870-1945) bezeichnete die Verfassungsgebung 1787 gar als einen »Staatsstreich«. Ein zweiter Schritt war die Gründung der Zentralbank 1791, welche der Monarchist unter den Gründungsvätern der USA, Alexander HAMILTON, gegen JEFFERSONS Willen durchsetzte; für NOCK erfüllte dies den Tatbestand des »Aufruhrs«.[56]

Die große Katastrophe war dann der Bürgerkrieg ab 1861. Auf der einen Seite muss unumwunden zugegeben werden, dass die Sklaverei von Anfang an ein eklatanter Verstoß gegen die liberalen Grundsätze und gegen die Menschenrechte bedeutet hatte, ein Verstoß, welcher von Anfang an die Errichtung eines repressiven Staatsapparats notwendig gemacht hatte. JEFFERSON selbst war »Eigentümer« von Sklaven, aber auch Gegner der Sklaverei. Doch er unternahm eher halbherzige Versuche, diese menschenverachtende Institution abzuschaffen. Auf der anderen Seite hatten die Südstaaten das fundamentale Recht, aus der Union auszutreten. Die USA waren ein Staatenbund und weder in der Verfassung noch in einem anderen rechts-

56 Albert Jay NOCK, *Our Enemy, the State* (1935), Delavan 1983, S. 90: »*coup d'Etat*«. NOCK weist auf die Untersuchung von Charles BEARD über die ökonomischen Interessen hinter der Verfassung hin (vgl. Fn. 51) und darauf, dass die Regel, die Verfassung sei für alle Staaten verbindlich, sobald neun von den 13 Staaten zustimmen, durch nichts zu rechtfertigen wäre: Es handelt sich im wörtlichen Sinne um einen *coup d'Etat*. – Ders., *Mr. Jefferson* (1926), Delavan 1983, S. 120: »*insurgency*«. Hier hebt NOCK hervor, JEFFERSON habe in seinem Memorandum gegen die Bank an keiner Stelle politisch argumentiert, sondern dargelegt, warum sie nicht verfassungsgemäß sei; darum »Aufruhr«. Allerdings merkt NOCK an, dies Vorgehen habe den Eindruck erweckt, als sei JEFFERSON ein doktrinärer Verfechter des Staats- und Verfassungsrechts, was (laut NOCKS Interpretation) unzutreffend war.

gültigen Dokument findet man einen Hinweis darauf, dass der Austritt verboten sei. Erst der Krieg macht deutlich, dass es *de facto* kein Sezessionsrecht gibt.

Die Partei, die 1854 antrat, die Sklaverei abzuschaffen, war zugleich die Partei, die Zentralismus und wirtschaftlichen Interventionismus forcierte: Die Republikaner. Sie positionierten ausdrücklich sich nicht als konservative, sondern als die progressive Kraft, und aus diesem Grund wollten sie keine weitere Immigration. Die konservativen Demokraten dagegen hielten an dem ursprünglichen liberalen Ideal der Republik fest und blieben die Partei der Immigranten, die sowohl die wirtschaftlichen wie die sozialen Freiheiten brauchten, um sich im Land zu entwickeln und wohlzufühlen. Parallel allerdings hing den Demokraten weiterhin der Geruch an, die Partei der (Ex-) Sklavenhalter zu sein. Erst 1933 mit der Präsidentschaft des Demokraten Franklin D. Roosevelt verkehrt sich die Zuweisung der Begriffe »konservativ« und »progressiv«; dennoch behielten die Demokraten aber den Titel bei, als die »*liberals*« zu fungieren.

Auch über die Sklaverei hinaus verstießen die Demokraten schon immer gegen einen liberalen Grundsatz. Sie waren die außenpolitisch Aggressiveren (ein Aspekt, den Murray Rothbard anders als die Frage der Sklaverei eher herunterspielte), sodass Ronald Reagan tatsächlich der erste republikanische Präsident war, der eine Invasion durch die USA veranlasste, nämlich 1983 des Inselstaats Grenada. Zwar verkündete der Republikaner Theodore Roosevelt 1805 die Doktrin der USA als »Weltpolizist«, führte aber selber keinen zwischenstaatlichen Krieg. Richard Nixon setzte den Vietnamkrieg, den ihm 1969 John F. Kennedy und Lyndon B. Johnson, beides Demokraten, hinterließen, fort und weitete ihn kurzzeitig sogar aus, beendet ihn 1975 jedoch. Es ist kein Zufall, dass noch heute Ron Paul und andere pointierte Kritiker des us-amerikanischen Interventionismus der Republikanischen

Partei entstammen, sondern Erbe der anti-militaristischen Tradition dieser Partei.

trügerische Hoffnungen

Die Geschichte der us-amerikanischen Demokratie zeigt, wie die beiden Hoffnungen, die die ursprünglichen Liberalen auf die Demokratie setzten, getrogen haben.

Demokratie schütze die Freiheit

1. Die erste Hoffnung drückte aus, dass Verfassungen sowie formale demokratische Verfahren die Freiheit schützen. Der Gedanke lautete, dass die Bürger/Wähler ein vitales Interesse hieran entwickeln würden, die Freiheit aufrecht zu erhalten, und deshalb die oppositionellen politischen Kräfte sich drum bemühen, gegenseitige Kontrolle auszuüben. Alle politischen Kräfte würden wetteifern, die verfassungsgemäßen Rechte zu verteidigen.

nein, Demokratie nährt den Hunger auf Macht

Das Gegenteil jedoch ist eingetreten. Die »vitalen« Interessen betreffen das Begehren, die Macht des Staats einzusetzen, um das durchzusetzen und zu finanzieren, was man selber für richtig, gut und vor allem gewinnbringend hält. Dazu ist jedes Mittel recht, sodass die verfassungsmäßigen Beschränkungen umgangen werden können. Die Opposition wird durch Verfahrenstricks, aber auch durch Angebote zum Stillhalten oder Mitmachen gebracht: Auf diese Weise vervielfachen sich die Mittel, die aufgebracht werden müssen, sowie die Eingriffe in den Alltag.

Demokratie läutere die Wähler

2. Diese Zusammenarbeit politisch gegen einander stehender Kräfte leitet uns dorthin, dass dann auch die zweite Hoffnung der ursprünglichen Liberalen sich zerschlug. Sie hofften, dass aufgrund der den Wahlen vorausgehenden Diskussionen und Auseinandersetzungen die Bürger/Wähler eine informierte Entscheidung darüber treffen, welche Politik für das Land am besten sei. Um eine solche informierte Entscheidung vorzubereiten, ist allerdings nötig, dass die politischen Kräfte unterschiedliche Visionen über die Gesellschaft vorlegen, die (unter progressiver Perspektive) erreicht oder die (unter konservativer Perspektive) bewahrt werden solle.

In Wirklichkeit aber geht es um die Frage, welcher Wähler-gruppe welche Politik nützt. Der gegenseitige »Deal«, den die politischen Kräfte miteinander treffen, um die jeweils andere Seite zum Mitmachen oder wenigstens zum Stillhalten zu ver-anlassen, führt dann unweigerlich dazu, dass die Politik der Parteien sich faktisch stetig einander annähert: Die unter-schiedlichen Visionen sind nur noch der Klamauk am Rande, der notwendig ist, um die Massen zu mobilisieren. Sie haben kaum noch mit dem zu tun, was an Politik dann umgesetzt wird.

Der Umkehrschluss, es würde die Demokratie in ihrem Ideal der frühen Liberalen wiederbeleben, falls echte Alternativen mit unterschiedlichen Lebens- und Politikentwürfe vorgelegt werden, ist unzulässig. Denn sobald es »um etwas geht«, setzt der andere schmerzhafte Mechanismus der Demokratie sich in Gang: Da droht, dass der Nachbar mit seiner Vorstellung, die mir zuwider ist, sich politisch durchsetzt und sie mir auf-zwingen kann, so werde ich immer weniger gesprächs- und diskussionsbereit sein. Mit zunehmender Gefahr, dass er und seine Kumpels die Mehrheit erreichen, wird meine Angst, aber auch eventuell meine Bereitschaft steigen, mit anderen Mitteln als denen der Diskussion und dem Versuch mich zur Wehr zu setzen, ihn doch noch überzeugen zu wollen. Mit zu-nehmender Nähe meines Widersachers zur Mehrheit nimmt seine Bereitschaft, mir zuzuhören und meine Interessen even-tuell mit zu berücksichtigen, ab sowie meine Verzweiflung zu. Denn er braucht auf mich nicht einzugehen, sondern kann mir drohen: *Warte nur, bis ich die Mehrheit hab'!*

Die fatale Zwickmühle ist nun, dass die Demokratie in dem Maße, wie sie echte Demokratie im Sinne ihres alten Ideals wird, um so ungemütlicher und gewalttätiger sich generiert, während es im Umgang demokratischer zugeht, solange man noch miteinander kungelt – eben dealt. Vorbildlich friedliche Demokratien wie etwa die schweizerische Demokratie waren in Übereinstimmung mit dieser These über lange Zeit eben von Konsens- anstelle von Kontroversverfahren geprägt. Mit der Friedlichkeit ist es allerdings tendenziell vorbei, nämlich genau in Abhängigkeit davon, dass die Macht der Zentrale, über die Peripherie zu herrschen, zunimmt. Es stellt sich heraus, dass es nicht eigentlich die Demokratie war, die die Stärke des Schweizer Systems darstellte, sondern der Föderalismus[57] und die Pluralität. Die auf die Entwicklung der Demokratie in den USA gegründeten Hypothesen halten einer Überprüfung an anderen Staaten stand und bewähren sich.

Dezentralisation statt Demokratie

57 In Europa steht der Begriff Föderalismus *für* Dezentralisation und *gegen* den Zentralstaat; seit Pierre-Joseph PROUDHON gilt er sogar als ein Euphemismus für Anarchismus. In den USA waren die *federalists*, allen voran Alexander HAMILTON und James MADISON, diejenigen, die für eine starke Föderation, also den Zentralstaat eintraten; die Gegner waren die *anti-federalists*, denen Thomas JEFFERSON zuneigte, ohne Mitglied zu sein. Nach der vollzogenen Gründung der Union schloss MADISON sich ihm an, aber es war zu spät.

Föderalismus-Begriff Europa vs. USA

Wartet nur, bis ich die Mehrheit hab'!
Die demokratische Interventionsspirale

Demokratie lebe davon, so ist von ihren Verteidigern allent-halben zu hören, dass die jeweiligen politischen Gegner zu akzeptieren und in ihren Freiheiten zu respektieren seien. Darum wirke Demokratie zivilisierend und bewahre die Freiheit, besonders die Freiheit der Meinungsäußerung. Allerdings hat dieses idyllische Bild einen Haken: Sobald ich die Mehrheit habe, kann ich meinem politischen Gegner Schaden zufügen. In dem Maße, in welchem mein politisches Programm irgendjemandem zu schaden droht, wird die Auseinandersetzung dann unversöhnlicher. *demokratische Idyllen*

Um diese Quelle von Unversöhnlichkeit, ja Hass und Gewalt durchs Prinzip des »*the winner takes it all*« entgegenzuwirken, bildete in den entwickelten Demokratien des Westens sich eine politische Kultur heraus, in der mögichst nur marginalen Gruppen geschadet werden solle. Es lässt auf sich warten, dass diese Kultur Allgemeingültigkeit erlangt; in vielen Ländern herrscht weiterhin das demokratische Prinzip, dass der Staat Beute der Sieger ist, demgegenüber das Verlieren einer Wahl ein Fiasko darstellt für die Gruppen, die besiegt wurden. *Prinzip minimalen Schadens*

Doch auch das Prinzip des minimalen Schadens, das die Gefahr einer Gewalteskalation im Wahlkampf begrenzt, hat eine Kehrseite. Einer Gruppe, die derzeit von der Staatstätigkeit profitiert, wird nämlich geschadet, falls ihr droht, dass diese Staatstätigkeit beim Gewinn der Wahl durch die Gegenseite begrenzt oder gar aufgehoben wird. Nehmen wir irgendeine Subvention. Die Geschichte der Bundesrepublik Deutschland hat gezeigt, dass es ungemein schwer bis nahezu unmöglich ist, Subventionen, wenn sie einmal begonnen haben, wieder abzuschaffen. Der Grund hierfür liegt im Prinzip minimalen Schadens. *Kehrseite des Prinzips: Veränderung unmöglich*

alle Kräfte werden gegen den Subventionsabbau mobilisiert

Gesetzt, eine Partei mit Aussicht auf Mehrheit habe das Ziel, die in Frage stehende Subvention abzuschaffen. Die Gruppe, die derzeit Empfänger der Subvention ist, hat nun viel zu verlieren; sie fühlt sich durch das Wahlprogramm der Partei bedroht und wähnt zu Recht, dass ihr, wenn diese Partei die Wahl gewinnen sollte, dann ein Schaden entstehe. Sie wird dementsprechend viel investieren, um ein solches Ergebnis abzuwenden. Für eine andere Partei, die sich ausrechnet, die Wahl eventuell gewinnen zu können, stellt die durch Subventionsabbau bedrohe Gruppe eine Chance dar, ihren Kreis der Unterstützer auszuweiten – sowohl was die Anzahl ihrer Wähler als auch die Bereitstellung finanzieller Zuwendungen betrifft.

je kleiner die Gruppe, um so niedriger die Einsparung; je größter die Gruppe, um so stärker ihr Widerstand

Sofern die Gruppe, der die Subvention entzogen werden soll, klein ist, wenig Prestige[58] und nur geringe Geldmittel besitzt, mag es unter Umständen sogar gelingen, den versprochenen Subventionsabbau durchzusetzen. Doch dann fällt auch die mögliche Einsparung an Steuern bloß gering aus. Je größer, stärker, wichtiger und beliebter diejenige Gruppe ist, die eine Subvention empfängt, um so schwerer lässt diese Subvention sich abbauen oder zumindest reduzieren.

Subventionen: Futter für die Mehrheitsbeschaffung

Allerdings ist dies nicht das einzige Problem. Aufgrund des demokratischen Vorgangs zur Mehrheitsbeschaffung durch Bündelung von möglichst vielen Interessengruppen können wir leicht erkennen, dass es nur gelingen kann, wenigen Interessengruppen mit dem Entzug der Subventionen zu drohen. Je mehr Interessengruppen eine Partei mit Subventionsentzug droht, um so weniger mehrheitsfähig wird sie. Die Partei muss vermutlich, um einer Interessengruppe die Subventionen erfolgreich entziehen zu können, anderen Interessensgruppen versprechen, *ihre* Subventionen (oder sonstigen Vorteile durch Staatstätigkeit) zu erhöhen. Auf welche andere Weise sollte es

58 Pierre Bourdieus *kulturelles Kapital*, das ihm zufolge in seiner Bedeutung dem *ökonomischen Kapital* als ebenbürtig zu betrachten sei.

ihr gelingen, eine Mehrheit zu erlangen? Dieser eingebaute Mechanismus zur Erhöhung von Subventionen und zur Bremse der Versuche, Subventionen abzubauen, gilt auch für all die übrigen Formen von Staatstätigkeit, die irgend einer Gruppe Vorteile verschaffen. Und wenn eine staatliche Maßnahme niemandem einen Vorteil verschafft, ist es eher weniger wahrscheinlich, dass sie überhaupt getätigt wird.

Staatstätigkeit ist Verschaffung von Vorteilen

Haben denn nicht »alle Steuerzahler« ein Interesse an einer Senkung oder gar Beseitigung von Subventionen? Nun bilden »alle Steuerzahler« freilich keine politisch handlungsfähige Interessengruppe. Vielmehr ist jeder Steuerzahler auch ein möglicher Empfänger von staatlichen Leistungen. Es ist ökonomisch rationaler, sich zu engagieren, Empfänger einer staatlichen Leistung zu werden, als die staatlichen Leistungen auf breiter Front einzudämmen. Dahinter steht das ökonomische Prinzip »Bündelung der Vorteile bei Verteilung der Kosten«. Einer kleinen Interessengruppe eine neue Subvention zu verschaffen, die auf alle Steuerzahler verteilt wird, bedeutet, dass der Wähler als Steuerzahler nur einen geringen Vorteil daraus zöge, würde die Subvention abgeschafft; jeder Empfänger der Subvention hat jedoch ein um so höheres geldbewehrtes Interesse, für ihre Beibehaltung zu plädieren. Mit dem sogenannten Konjunkturpaket II (2009) erhielten Daimler, BMW, VW sowie Ford Millionenbeträge für die Entwicklung von Elektroautos. Die Konzerne, Mitarbeiter und Kunden fanden das gut. Die Übrigen waren sich vermutlich nicht einmal darüber bewusst, *wie viel* und *dass überhaupt* sie anderer Leute Interessen subventionierten. – Nehmen wir nun diese beiden Einsichten zusammen, dass nämlich

das Interesse der Steuerzahler

Vorteile bündeln, Kosten verteilen

1. im Zug politischer Mehrheitsbeschaffung die Beibehaltung und Erhöhung von Subventionen immer besser funktioniert als das Eintreten für deren Abbau, sowie

2. der ökonomische Sinn der Subvention in einer Bündelung des Nutzens und einer Verteilung der Kosten besteht.

Rasch zeigt sich, dass hier ein Widerspruch sich auftut, der zu einer krisenhaften Entwicklung führen muss. Das Prinzip der Mehrheitsbeschaffung mündet in einer ständigen Ausweitung des Empfängerkreises von Subventionen. Somit wird der Sinn der Bündelung des Nutzens ausgehebelt.

Die Staatsausgaben *steigen*, der gefühlte Nutzen für jeden Einzelnen jedoch *sinkt*. Die Legitimität des Staatshandelns nimmt ab. Der viel gescholtene Neoliberalismus hatte diesen Mechanismus messerscharf analysiert. Doch abgesehen von einer kurzen Blüte in den 1980er Jahren ist es nicht gelungen, auf der Grundlage der Einsicht in diesen Mechanismus demokratische Mehrheiten zu organisieren. Ganz im Gegenteil, der Neoliberalismus ist zu *dem* Buhmann schlechthin geworden. Während die Staatsausgaben im Besonderen und das Staatshandeln im Allgemeinen fröhlich weiter wachsen, wird der gefühlte sinkende Nutzen für jeden Einzelnen (da die Mittel immer breiter gestreut werden) als durch den Neoliberalismus verursachte »Abnahme von Staatstätigkeit« gegeißelt: Der Staat »stehle sich aus der Verantwortung«, er »reduziere die Ausgaben« und so weiter und so fort, lauten Formulierungen, die in diesem Zusammenhang fallen. Und richtig, aus dem Blickwinkel jedes Einzelnen beschreiben sie die Zustände richtig. Nur eben ist die Ursache falsch ausgelotet.

Der Abbau von Staatsgewalt und die Sicherung von Freiheit ist demnach nicht über den üblichen politischen Weg der Demokratie zu erreichen. Vielmehr muss das demokratische Prinzip, per Mehrheiten Vorteile durch das Handeln des Staats verteilen zu können, in Frage gestellt werden. Erst wenn Menschen sich nicht mehr als Teile ihrer Interessengruppen sehen, deren Ziel darin besteht, die Staatsgewalt zum eigenen Nutz und Frommen einzusetzen, könnte eine Bewegung entstehen, die den Staat wirklich abbaut und so den Rahmen der Freiheit wieder vergrößert.

gestorben im Kampf gegen den Neoliberalismus für mehr Staat?

Guido RENI (1575-1642), *Das Massaker der Unschuldigen*, 1612, ursprünglich in der Ghisilieri-Kapelle, San Domenico, Bologna, heute Pinacoteca Nazionale di Bologna. Gemeinfrei *via* The Yorck Project.

Jeder Politiker weiß, »dass die Mehrheit sich wenig um Ideale und Integrität schert. Wonach sie sich sehnt, ist *Show*, gleichgültig, ob es sich um eine Hundeschau, einen Boxkampf, das Lynchen eines ›Niggers‹, die Jagd auf einen kleinen Verbrecher, die Heiratsverkündigung einer reichen Erbin oder die Mätzchen eines Expräsidenten handelt. Je hässlicher die mentalen Entgleisungen, um so größer das Entzücken und die Bravorufe der Masse.«

Every politician »knows that the majority cares little for ideals or integrity. What it craves is display. It matters not whether that be a dog show, a prize fight, the lynching of a ›nigger,‹ the rounding up of some petty offender, the marriage exposition of an heiress, or the acrobatic stunts of an ex-president. The more hideous the mental contortions, the greater the delight and bravos of the mass.«

Emma GOLDMAN, 1909

Der entfesselte Mob
Volksabstimmung: Würfeln wäre billiger

Immer wenn jenseits der zurzeit etablierten Mehrheiten eine soziale Bewegung gestalt annimmt, die sich daran begibt, neue Mehrheiten zu bilden, kommt eine spezielle Form der Demokratie zu Ehren: die *direkte* oder *plebiszitäre* Demokratie, die *Volksabstimmung*. Die Kritik lautet, das Parlament sei kein Repräsentant des Volkswillens mehr, die etablierten Parteien würden in vielen Fragen andere Präferenzen haben als die Mehrheit des Volks, hätte es die Chance, über Einzelfragen abzustimmen.

plebiszitäre Demokratie: Motor der Neuerung

Die Vertreter des etablierten Systems loben demgegenüber die konservative Beharrungskraft, die in dem parlamentarischen Prozedere bestehe, und die Bremse gegen unsinnige Einzelentscheidungen, welche die Parteiprogramme darstellen: Man dürfe dem Mob nicht überlassen, Fachfragen zu entscheiden. Und mit dieser Kritik haben die Etablierten mehr Recht als die Angreifer, allerdings auch mehr Recht als den Etablierten selber lieb ist; denn die Kritik lässt schließlich sich auch auf die etablierte parlamentarische Demokratie anwenden. – Die direkte Demokratie *verschärft* alle Mängel der Demokratie:

Beharrungskraft parlamentarischer Prozeduren

1. Mit Plebisziten lassen Gesetze oder andere staatliche Maßnahmen sich durchdrücken, die der Mehrheit Vorteile zu verschaffen scheinen, ohne dass dabei die Kosten bedacht werden müssen, d. h.: Jeder stimmt so ab, dass er meint, Vorteile zu erhalten, unterdessen Andre die Zeche zu zahlen haben.

mein Vorteil auf deine Kosten

2. Während in parlamentarischen Demokratien Mehrheiten meist über Koalitionen zustande kommen, lässt mit Volksabstimmungen ganz rigoros sich über Minderheiten hinweggehen. Die Minderheit kann dann allerdings bis knapp unter die 50-Prozent-Grenze derer reichen, die eine gültige Stimme abgeben.

keine Koalition nötig

angeheizte Emotionen

3. Volksabstimmungen tendieren stärker als andere Wahlen dazu, die Stimmung emotional aufzuheizen: Empörung siegt.

Nichtbetroffene bestimmten über Betroffene

4. Egal, um welch eine Maßnahme es geht, bei einer Volksabstimmung entscheiden stets vor allem die Nichtbetroffenen über die Betroffenen. Nehmen wir als Beispiel den Fall, dass in einer Volksabstimmung über die Einführung eines Mindestlohns entschieden werde. Die Mehrheit derjenigen, die abstimmen, ist weder als Arbeitnehmer betroffen davon, dass sie nicht mehr für einen Lohn arbeiten dürfte, zu dem jemand bereit ist, sie anzustellen, noch als der Arbeitgeber, der den Mindestlohn bezahlen soll. Ein weiteres Beispiel: Es werde per Volksabstimmung entschieden, ob in Restaurants totales Rauchverbot gilt. Die Mehrheit der Wähler ist weder Gastwirt, der Rauchern gern die Möglichkeit eröffnen würde, eine Mahlzeit einzunehmen, noch Raucher, der auf der Suche nach einem Restaurant ist, in welchem er rauchen darf. Und wer im Ausland lebt, kann paradoxerweise über die Politik im fernen »eigenen« Land mitentscheiden, aber nicht über die Politik, die ihn selber betrifft.

Nichtfreiwilligkeit herrscht

5. Zusammenfassend muss gesagt werden, dass die direkte Demokratie uns jenes Grundproblem des Staats besonders deutlich vor Augen führt, nämlich: Die Mitgliedschaft in der Gruppe, die die Entscheidung trifft, ist nicht freiwillig. Demgegenüber argumentieren die Befürworter von Volksabstimmungen damit, dass es mit ihnen möglich sei, sich in wichtigen Fragen dem Establishment zu widersetzen. Früher

den Bonzen den Marsch blasen?

haben die Grünen etwa darüber gejubelt, dass man mit Volksabstimmungen den Bau von Atomkraftwerken, Flughäfen oder Mülldeponien verhindern könne, ohne gleich die Mehrheit im Bundestag erringen zu müssen. Die Rechtspopulisten heute verweisen etwa auf den Brexit, der zeige, wie wundervoll das Instrument der direkten Demokratie geeignet sei, den Bonzen in den Parlamenten den Marsch zu blasen. Obacht, Demokratie ist ein *formales* Instrument. Mehrheiten können auch den Bau von Atomkraftwerken beschließen und Mehrheiten können die Regierung eines Landes auffordern, in die EU einzutreten. Man tritt für die direkte Demokratie ein, solange man meint, man schwimme in der Zustimmung der Mehrheit. Man beschimpft die direkte Demokratie als Pöbelherrschaft, sobald einem der Wind der Mehrheit ins Gesicht bläst.

In Volksabstimmungen spiegelt sich darüber hinaus immer, dass es eben keine einheitliche Meinung im Volk gibt. Oft sind Abstimmungsergebnisse sehr knapp. Was ist mit der Minderheit? So auch beim Brexit: Keineswegs *alle* Briten haben für den Austritt aus der EU gestimmt. Es bleibt oft fraglich, ob bei einer Wiederholung der Abstimmung zu einem späteren Zeitpunkt das Votum nicht anders ausfallen würde. Damit zeigt sich, dass demokratische Abstimmungen, und ganz besonders Volksabstimmungen, einer gewissen Zufälligkeit unterliegen. Sollte der Zufall ein rationales Entscheidungskriterium sein? Dann wäre würfeln billiger.

Jetzt wird behauptet, es sei nun mal notwendig, dass eine Entscheidung getroffen werde und dann wäre es doch besser, der Mehrheit zu folgen als einer Minderheit. Diese »Notwendigkeit« der Entscheidung aber ist ihrerseits eine Ideologie des (demokratischen) Staats. Warum muss ganz Großbritannien entscheiden, Mitglied in der EU zu sein oder nicht? Wenn es statt Großbritannien England, Schottland und Wales geben würde, könnten diese drei Staaten getrennt voneinander über ihre Mitgliedschaft entscheiden, denn man behauptet, ganz Großbritannien müsse die Entscheidung gemeinsam treffen, weil es *ein* Staat sei. Nun könnten auch England, Schottland und Wales in noch kleinere Einheiten heruntergebrochen sein, von denen jede Einheit für sich autonom entscheiden würde, ob sie in der EU Mitglied sein möchte oder nicht. Schließlich könnte die kleinste Einheit entscheiden, nämlich ein jedes Individuum für sich. Statt einer Brexit-Kampagne hätte es eine

sein Fähnchen nach dem Wind hängen

starke Minderheiten

… s. S. 72 …

notwendige Entscheidungen? Beispiel Brexit

Kampagne geben sollen, die besagt, jeder Brite dürfe für sich über die EU-Mitgliedschaft entscheiden. Ein solches Votum hätte die Bürokraten in Brüssel vor weit größere Probleme gestellt als der Brexit. Es hätte Konsequenzen für die ganze EU: Sie müsste in eine nicht-staatliche Einrichtung mit freiwilliger Mitgliedschaft umgewandelt werden. Sie müsste sich um Mitglieder bemühen und ihnen echte Vorteile aufzeigen, damit sie ihr nicht flöten gehen.

notwendige Entscheidungen? Beispiel Atomkraft

Diese gleiche Argumentation gilt natürlich auch für das angesprochene Thema der Grünen, die Atomkraft. Nehmen wir zwei Staaten mit gemeinsamer Grenze an; in dem einen Staat hat die Mehrheit *für*, in dem anderen *gegen* Atomkraft gestimmt. Ein paar Kilometer hüben oder drüben bedeuten, dass eine Person in einem Land mit oder ohne Atomkraft lebt. Falls zwischen den Ländern ein Abhängigkeits- oder Kriegsverhältnis nicht besteht, so müsste jedes Land das Votum des jeweils anderen respektieren, vor allem wenn es sich um demokratische Länder handelt. Würde sich eins der Länder durch Sezession spalten, könnte in dem neu entstandenen Staat wiederum (unter anderem) über Atomkraft *ja* oder *nein* abgestimmt werden. Es wäre nun durchaus möglich, dass ein Land, in welchem die Mehrheit gegen Atomkraft gestimmt hat, sich durch die Atomkraft im Nachbarland bedroht fühlt. Erneut kein Abhängigkeits- oder Kriegsverhältnis zwischen diesen beiden Ländern vorausgesetzt, vermag das Land ohne Atomkraft nichts anderes zu tun, als mit dem Land, das Atomkraft nutzt, in Verhandlung zu treten und irgendeine Lösung zum beiderseitigen Einverständnis auszuarbeiten.

die Alternative, s. a. S. 77f

Und genau das wäre die Alternative zur Demokratie: Verhandlungen zwischen souveränen und autonomen Individuen, die sich in Freiwilligkeit einigen anstatt unter Androhung oder gar Ausübung von Gewalt.

Von den Enthusiasten der direkten Demokratie wird schließlich gern auf die Schweiz verwiesen. Aber es ist, wie bereits

dargelegt, nicht die direkte Demokratie, die die Schweiz überlegen sein lässt, sondern der Föderalismus: dass man gegenseitig sich tolerieren muss. In dem Maße, in dem es die Volksabstimmungen möglich machen, dass die Kantone einander
majorisieren können, geht das Schweizer Modell zugrunde.
Linke wie rechte Schreiberlinge kramen derzeit den alten, fast
vergessenen Begriff der »Ochlokratie« hervor, der die *Pöbelherrschaft* im Gegensatz zur edlen Demokratie beschreiben
soll. Ochlokratie sei »entartete« Demokratie; wobei das Adjektiv »entartet« zumindest eine Stirnrunzel wert ist. Aber sei
es drum. Natürlich greift für jeden dieser Schreiberlinge dann
die Charakterisierung der Mehrheitsherrschaft als Ochlokratie, falls die Mehrheit anders entscheidet, als er selber es für
demokratisch, ethisch, gesittet, moralisch, notwendig oder
richtig erklärt. Aber wie die Entartung verhindern oder, ist sie
nun mal eingetreten, rückgängig machen? Es gibt bloß eine
Strategie, die empfohlen wird: den Mob entfesseln und gegen
die zu richten, die man zu den Bösewichten erklärt, seien
das nun die linksgrün Versifften oder die Rechtspopulisten.
Denunzieren, Anklagen, Niederschreien, mit Berufsverboten
belegen, Bedrohen sind erste Schritte; und es fällt leider nicht
schwer, sich auszumalen, was dann noch kommen kann.
Von Winston CHURCHILL (1874-1965) wird der Satz zitiert,
Demokratie sei die schlechteste aller Regierungsformen – abgesehen von jeder anderen Form, welche von Zeit zu Zeit aus-
probiert worden ist. Abgesehen davon, dass er in seiner Rede
vorm Parlament am 11. November 1947, der die Formulierung
entnommen wurde, dies nicht als seine, sondern mit einem
unbestimmten »es ist gesagt worden, dass …« als allgemeine
Meinung charakterisierte, suggeriert die Formulierung, es
gäbe keine praktischen Alternativen und in diesem Sinne wird
der Satz ständig wiederholt. Liberalismus und Anarchismus
sollen unbekannt bleiben.
Der Satz geht zudem in der bezeichnenden Weise weiter, es

gebe das allgemeine Gefühl in Großbritannien, dass das Volk
regieren solle, fortlaufend regieren solle, und die öffentliche
Meinung, ausgedrückt auf alle verfassungsgemäß erdenkliche
Art, solle das Handeln der Minister, die die Diener und nicht
die Herrn des Volks sind, formen, leiten und kontrollieren.[59]
Wunderbar. Und dies von einem Mann, der die Geschicke des
British Empire leitete, in dem die große Mehrheit der Völker
arroganter nicht gefragt wurde; nur dies eine Volk, das der Briten, durfte
Kolonialist wählen. Und der, als bei einem jener Völker 1943 aufgrund der
britischen Staatstätigkeit eine Hungersnot wütete, sich für
nicht zuständig erklärte. Ochlokratie & Demokratie, das sind
identische Zwillinge. Und in diesem Falle trug der Pöbler den
Namen CHURCHILL.

Volksabstimmungs-Paradox: Minderheiten herrschen

In der praktischen Durchführung der (verbindlichen) Volksabstimmung ist meist ein »Quorum« vorausgesetzt, das heißt,
Quorum es muss ein gewisser Prozentsatz von Wahlberechtigten teil-
nehmen, damit das Ergebnis für die Politik verbindlich wird.
So will man verhindern, dass Minderheitsentscheidungen sich
durchsetzen, sofern die überwiegende Mehrheit an der Frage
uninteressiert ist. Des weiteren gibt es in Volksabstimmungen
meist nur zwei Optionen, *ja* oder *nein*. Auch das soll zu klaren
Mehrheitsentscheidungen beitragen.
Dadurch ergibt sich die folgende paradoxe Situation: Nehmen
wir an, es sehe *erstens* so aus, dass eine Volksabstimmung am
Quorum scheitern könnte, und *zweitens*, dass die große Mehrheit derer, die zur Wahl gehen, mit Ja votieren wollen. Für den

---

59 »It has been said that democracy is the worst form of Government except all
those other forms that have been tried from time to time; but there is the broad
O-Ton feeling in our country that the people should rule, continuously rule, and that
Churchill public opinion, expressed by all constitutional means, should shape, guide, and
control the actions of Ministers who are their servants and not their masters.«
api.parliament.uk/historic-hansard/commons/1947/nov/11/parliament-bill
#column_206. (Großschreibung von *Government* und *Ministers* im Original.)

Gegner der zur Abstimmung stehenden Frage ist es in diesem Fall rational, dass er nicht wählt und somit darauf hinwirkt, das Quorum zu unterschreiten. Pech hat er allerdings, sollte sich herausstellen, dass das Quorum erreicht wurde und zugleich doch eine nur knappe Mehrheit an Ja-Stimmen vorlag. Umgekehrt hat er Pech, falls seine Wahlbeteiligung beiträgt, die Hürde des Quorums knapp zu nehmen, und es eine Mehrheit an Ja-Stimmen gibt. Geht sein Kalkül auf, mit einem Fernbleiben der Wahl das Quorum zu verfehlen (während die Mehrheit der Abstimmenden das Ja-Wort gaben), half er auf diese Weise, dass die Meinung der (abstimmenden) Minderheit sich durchsetzen konnte. Üblicherweise behauptet man, dass die Nichtwähler automatisch der Mehrheitsmeinung zustimmen. Hier haben wir den interessanten Fall des genauen Gegenteils. Nach libertärer Demokratiekritik ist es zwar Unrecht, die Mehrheit herrschen zu lassen, doch das Argument dieser Kritik lässt sich nicht umkehren, dass es Recht sei, wenn die Minderheit herrsche; denn es lautet, dass Herrschaft unrecht sei, egal wie sie zustande kommt, durch die Mehrheits- oder eine Minderheitsmeinung.

Wahlenthaltung stärkt Minderheitsentscheidung, eventuell

Der schweizer Anarchist und Anwalt David DÜRR hat in einer Modellrechnung dargelegt, dass die Zustimmung des Volks zu den Gesetzen, die es ja angeblich »selber macht«, gemessen am Ideal direkter Demokratie 0,33 % betrage:[60]

Zustimmung minimal: Modellrechnung

1. Er legt einen durchschnittlichen Ja-Anteil von 55 % bei Abstimmungen über Gesetzesvorhaben zugrunde.

2. Die Wahlbeteiligung liegt bei durchschnittlich 43 %. Damit beträgt der reale Ja-Anteil 23,65 %.

60 David DÜRR, *Staatsoper Schweiz: Wenige Stars, viele Staatisten*, Bern 2011, S. 59 ff. Schweizspezifische Ironie: In der Schweiz gelten derzeit viele Gesetze, »die noch vor Einführung des Frauenwahlrechts [1971] erlassen wurden und heute trotzdem auch für Frauen verbindlich sind«. Es ist eben von Anfang an eine Lüge der Demokratie, dass ein Gesellschaftsvertrag den Staat begründet habe und dass die Unterworfenen irgendwann, geschweige denn gegenwärtig, gefragt worden seien, ob sie ihm zustimmen.

3. Die Gesetze betreffen darüber hinaus weitere Personen, die nicht abstimmen dürfen, vor allem Ausländer, deren Anteil in der Schweiz bei rund 20% liegt. Der Ja-Anteil sinkt auf 18,29%.

4. Kinder und Jugendliche bis zum Alter von 18 Jahren sind nicht stimmberechtigt. DÜRR nimmt eine Quote von 20% an. Somit reduziert der Ja-Anteil sich auf 15,14%.

5. Zahlreiche Gesetze sind verabschiedet worden, als die Abstimmenden noch gar nicht lebten oder nicht wahlberechtigt waren. Die geschätzte Quote liegt bei 25%. Wir haben nun nur noch einen Ja-Anteil von 11,35%.

6. Zwischen 1995 und 2011 ließ man über nur 107 Vorlagen abstimmen, 48 erzielten eine Mehrheit, 59 wurden abgelehnt. Im gleichen Zeitraum gab es aber 1653 vom Parlament erlassene Gesetze. Zustimmung durch direkte Demokratie gab es demnach für 2,9%. Setzen wir diese mit dem errechneten Ja-Anteil von 11,35% ins Verhältnis, erhalten wir eine »Zustimmungsquote« von 0,33%.

demokratischer Selbstwiderspruch Es ist nicht darum zu tun, ob es besser wäre, würde die Quote bei 33% oder bei 66% liegen, sondern darum, dass die Rechtfertigung der Demokratie als Mehrheitsherrschaft ihrerseits blanker Hohn ist. Das heißt, die Rechtfertigung ist rechtlich falsch, denn die Mehrheit rechtfertigt keine Herrschaft, aber sie ist auch in sich selber widersprüchlich, denn sie gründet gar nicht auf der Zustimmung der Mehrheit.

P.S. Und was würde der Spaß kosten?
Die Kosten für die Durchführung *eines* Volksentscheids in der Schweiz werden auf z.Z. zwischen 7,5 und 15,5 Mio CHF geschätzt. Berücksichtigt man die in Deutschland um 10 mal größere Bevölkerung, entspricht das in etwa den Kosten einer Bundestagswahl (2017: ca. 92 Mio €). Die staatliche Parteienförderung (2017: ca. 162 Mio €) würde sicherlich auch nicht geringer ausfallen. Und das für Ergebnisse, die kaum weniger zufällig wären als würfeln?

… s. S. 67 …

Das Wir der Tyrannen
Demokratie contra Selbstbestimmung

Gemeinhin wird Demokratie mit Selbstregierung oder sogar Selbstbestimmung gleichgesetzt. Nichts könnte weiter von der Wahrheit entfernt sein als solch eine Gleichsetzung.

Selbstregierung? Selbstbestimmung?

Fragen wir uns, wann bzw. unter welchen Umständen in einer Demokratie ein staatliches Eingreifen angefordert werde. Die Antwort fällt ernüchternd aus: Dann fordert jemand das Eingreifen des Staats, wenn ihm das Ergebnis einer freiwilligen Interaktion missfällt. Es kann nicht anders sein, denn insoweit er mit dem Ergebnis der freiwilligen Interaktion zufrieden ist, sieht er keinen staatlichen Handlungsbedarf. Sei es, er möchte erreichen, dass die Preise der Konkurrenz höher sind (erreichbar etwa durch Zölle oder Zusatzsteuern) oder seine eigenen ohne Einkommensnachteile niedriger (erreichbar etwa durch den Erhalt von Subventionen); sei es, er möchte erreichen, dass andere Menschen kein Haschisch rauchen oder keinen Alkohol trinken dürfen (erreichbar etwa durch Prohibition), ohne dass er sie eigens überzeugen muss, von dem nach seiner Meinung lasterhaften Genuss zu lassen; sei es, er möchte erreichen, dass er selber oder andre mehr verdienen, als ihm oder den in Frage stehenden andren angeboten wird (erreichbar etwa durch Mindestlohn); sei es, er möchte erreichen, dass mehr Mitglieder eines speziellen Geschlechts in Parlamenten vertreten sind (erreichbar etwa durch eine Quote), ohne die Wähler dahin zu kriegen, ihre Stimme in erwünschter Weise abzugeben, und dergleichen mehr.

Demokratie gegen Freiwilligkeit

Um zur tatsächlichen staatlichen Maßnahme zu gelangen, bedarf es jedoch mehr, als dass eine einzelne Person unzufrieden ist mit dem Ergebnis der freiwilligen Interaktion. Sie muss solche Unzufriedenheit auch auf genügend weitere Menschen übertragen, die dann entsprechend abstimmen. Dies ist das

Demokratie: Verallgemeinerung des Interesses an Zwang

das Symbol der Gewalt

Verfahren, welches Pierre BOURDIEU »Verallgemeinerung von partikularen Interessen« nennt: Sie kennzeichne (moderne, demokratische) Staaten.[61] Da demzufolge die Staatstätigkeit immer dann und nur dann angerufen wird, wenn es hierum geht, das Ergebnis freiwilliger Interaktionen mit einer gewaltsamen Intervention zu korrigieren, besteht unweigerlich die Folge darin, den Bereich freiwilliger Interaktion immer weiter einzuschränken. Das Symbol dieser Einschränkung ist das »Wir«; das »Wir« ist das Symbol der erfolgten und erfolgreichen Verallgemeinerung: Wenn es in »der Öffentlichkeit« (demnach: in der veröffentlichten herrschenden Meinung, der Meinung der Herrschenden) heißt, »Wir« wollen das so oder so, ist dies stets der Ausdruck dessen, dass mit Gewalt gegen freiwillige Interaktionen vorgegangen wird.

Gegen Willy BRANDTs bekannten Slogan von »mehr Demokratie wagen« – das bedeutet in der von Ideologie entkleideten Form nicht anderes als: »mehr Gewalt einsetzen« – stellt die libertäre Demokratiekritik die Forderung *weniger Demokratie zu wagen.* Darin eingeschlossen sind selbstredend auch die Formen von sogenannten Massen- oder Volksdemokratien,

Massen- und Volksdemokratien sind auch Demokratien

die durch die westlichen parlamentarischen Demokratien als »undemokratisch« abqualifiziert werden. Auch sie operieren mit tyrannischem »Wir«, bloß dass die Strukturen, in denen faschistische, kommunistische oder theokratische Staaten das »Wir« konstituieren, nicht auf freien und geheimen Wahlen basieren, sondern auf der Mobilisierung von Massen.

nicht alles, was als »demokratisch« gilt, ist mit der Demokratie notwendig verbunden

Dagegen sind andere Merkmale, die als demokratisch gelten und den Vorzug der Demokratie belegen sollen, wie vor allem Meinungsfreiheit und Rechtsstaatlichkeit, keine kausal notwendigen Zutaten der Demokratie, wie man schnell hieran ersehen kann, dass sowohl Meinungsfreiheit als auch Rechtsstaatlichkeit nicht bloß theoretisch leicht durch Mehrheiten

---

61 Wir sind hier wieder, *full circle*, bei der Alchemie der Kommission und dem BOURDIEUschen Paradox (vgl. oben S. 13 ff).

ausgesetzt werden können, sondern historisch dies sogar oft der Fall war und aktuell ist. Daran ändert auch nichts, wenn in Verfassungen ein Junktim zwischen Demokratie, Meinungsfreiheit und Rechtsstaatlichkeit ausgedrückt wird. Nicht nur lassen Verfassungen sich durch Mehrheitsentscheidungen weitgehend ändern oder durch Gerichtsentscheidungen dem jeweiligen Zeitgeist anpassen, sondern wenn die Mehrheit entsprechend gewillt ist, werden verfassungsmäßige Rechte schlicht ignoriert und übergangen. Wer will die Mehrheit aufhalten?

Mehrheiten können Freiheiten aufheben, Mehrheiten haben Freiheiten aufgehoben

Der Verweis von Demokraten, wegen schlechter historischer Erfahrungen mit unbeschränkten Mehrheiten habe man die Verfassung so formuliert, dass die Mehrheit die wesentlichen Grundrechte nicht antasten dürfe, ist nichts anderes ein peinliches Eingeständnis. Denn wenn die Mehrheit nicht in einer politischen Frage wie etwa der Meinungsfreiheit entscheiden darf, warum darf sie über existenzielle Fragen wie etwa die des Zwangs zur Organspende abstimmen? Vor allem aber zeigt die verfassungsmäßige Grenze für die Macht der Mehrheit, dass der Mehrheit nicht zu trauen sei. Daran schließt sich die Frage an, warum wir Entscheidungen der Mehrheit überhaupt unterworfen sein sollten.

traue keiner Mehrheit

Aus den genannten historischen Erfahrungen leiten Demokraten ebenfalls die Maxime ab, es dürfe »keine Toleranz für Feinde der Verfassung« geben. Auch diese Aussage stellt sich bei näherer Beleuchtung als Bumerang dar. Um die Feinde der Verfassung zum Schweigen zu bringen, muss die Meinungsfreiheit aufgehoben werden, also das, was man als primär zu schützen vorgibt. Nicht bloß das. Sobald die Feinde der Verfassung eine genügend große Masse hinter sich wissen, lassen sie sich nicht mehr verbieten, weil sie die politische Macht an sich bringen können. Die Vorstellung der Demokraten, man könne die Entstehung einer verfassungsfeindlichen Bewegung mittels des Verbots »der Anfänge« unterbinden, verkennt die

»wehret den Anfängen« ist eine Losung von Verschwörungstheoretikern ohne soziologische Einsichten

Dynamik sozialer Bewegung. Es ist doch keineswegs ein »Verführer«, der die Grundlagen legt, sondern ein entsprechendes Interesse der möglichen Anhänger. Aber selbst wenn es den »Verführer« gäbe, wäre dies bloß ein weiteres, stichhaltiges Argument gegen die Demokratie: *Der Mehrheit ist eben nicht und niemals zu trauen.* Insofern liefern die Verfechter gegenwärtiger Demokratie ihre eigene Widerlegung.

Mehrheiten: das Spiel mit dem Feuer

Mehrheiten gegen Freiwilligkeit

Es stellt sicherlich das Hauptproblem der Demokratie dar, dass sie die Mehrheitsbildung anregt, dass sie das Gefühl der Mehrheit formiert. Zwar gibt es eine natürliche Tendenz der Menschen, sich mit gewissen Gruppen zu identifizieren sowie in diesen Gruppen eine gewisse Konformität an den Tag zu legen und eine solche Konformität auch einzufordern. Diese Gruppen sind jedoch immer das Ergebnis freiwilliger Interaktion. Das trifft sogar dann zu, wenn eine Person in eine Gruppe »hineingeboren« wurde wie etwa in einen Volks- und Sprachraum, in eine Religionsgemeinschaft, in eine Familie. Ob diese Person sich dann dauerhaft mit ihrer angestammten Gruppe identifiziert, wie weit sie sich konform verhält und ab welchem Grad an Nonkonformität die Gruppe eine Person ausschließt, ist weder eine Sache der formalen Abstimmung noch kann die fortwährende Mitgliedschaft oder gar das Gefühl der Identifikation erzwungen werden, ausgenommen die Staatsgewalt greift ein. Anders gesagt: Wenn eine Gruppe ein Mitglied, das austrittswillig ist, zur weiteren Mitgliedschaft zwingt, wie das einigen religiösen Sekten vorgeworfen wird und wie es im Islam nach wie vor üblich ist, ist dies klarerweise ein krimineller Akt und geht gegen das Recht auf Selbstbestimmung. Ein weiterer derartiger Fall liegt dann vor, wenn ein Partner den Anderen mit Androhung von Gewalt daran hindern will, die Ehe aufzukündigen. Allein der Staat nimmt sich das *Recht* heraus, die Mitgliedschaft zu erzwingen, sofern man sich auf dem von ihm beanspruchten Territorium aufhält.

Anders als die Theorie der Demokratie es behauptet, hebt die Mehrheitsherrschaft den Zwang nicht auf. Dies lässt sich schnell beweisen. Nehmen wir eine Sekte, die den Mitgliedern verwehrt, dass sie »vom Glauben abfallen« oder aus anderen Gründen austreten. Für dieses Gebaren kritisiert, antworten die Sektenvertreter, keineswegs handele es sich um Gewalt, denn alle Mitglieder der Sekte hätten ein demokratisches Mitspracherecht, es gäbe ein Parlament der Sektenmitglieder und über wichtige Fragen fänden sogar direkte Abstimmungen statt. Sicherlich würde eine solche Verteidigung belächelt und nicht dazu führen, dass man der Sekte erlaubt, das Austrittsrecht zu verweigern.

Umgekehrt werden wir auch sofort zugeben, dass bei einer freiwilligen Mitgliedschaft in irgendeiner Gruppe es keinerlei Rolle spielt, ob es im Binnenverhältnis demokratisch zugeht oder nicht. Ob es eine große Organisation wie die Katholische Kirche oder ob es der Schachklub von nebenan ist: Wie diese Menschen sich organisieren, geht mich, sofern ich kein Mitglied bin, schlicht und einfach gar nichts an. Wenn ich aber ein Mitglied bin, mit den Binnenverhältnissen jedoch nicht einverstanden und zugleich nicht in der Lage, die Anderen davon zu überzeugen, es zu ändern, dann kann ich halt austreten. Genau dieses meine ich, wenn ich fordere: *weniger Demokratie wagen.*

Mehrheiten legitimieren keinen Zwang

ohne Zwang wäre es egal, ob eine Gruppe demokratisch verfasst ist oder nicht

Was wäre besser als Demokratie?

Die Darlegung der Alternative soll nicht Aufgabe des Buches sein. Bei der vorschnellen Frage, wie es denn anders und vor allem: besser sein könnte – meist so gestellt, als ob bereits feststehe, dass es keine bessere Möglichkeit als Demokratie gebe, wie schlecht diese auch sei – bedenkt man selten, dass etwas Anderes, etwas Neues und vor allem Besseres kaum gesucht, erfunden und akzeptiert wird, solange man das alte Paradigma nicht tief erschüttert sieht. Dennoch gibt es, wie zwischen den

Zeilen immer wieder angedeutet, solch eine Alternative in der Gedankenwelt des Liberalismus und Anarchismus.[62] Vor allem verweise ich auf den zweiten Band (»Soziale Funktionen«) von Murray ROTHBARDS Buch »*Für eine neue Freiheit: Kritik der politischen Gewalt*« (edition g. 103), in welchem er für die wichtigsten Bereiche des modernen Lebens die Möglichkeit und Überlegenheit der anarchokapitalistischen Organisation aufzeigt. Die anthropologischen Grundlagen entwickele ich – wiederum anschließend an Christian SIGRIST – in »*Widerstand: Aus den Akten Pinker vs. Anarchy*« (edition g. 109). Eine radikalliberale Utopie skizziert Karola TEMBRINS in »*Anne R. Chérie*« (edition g. 305).

eine Alternative

Pierre BOURDIEU über ein kleines Dorf von zweihundert Einwohnern während der Französischen Revolution: »In dieser Gegend pflegten die Männer einstimmig Beschlüsse zu fassen. Nun [aber, mit der Revolution] kommen Dekrete, daß nach dem Mehrheitsprinzip zu entscheiden sei.«[63]

---

62 Einige sehr schöne Andeutungen finden sich unten in dem zweiten Text von Gustav LANDAUER, S. 109ff.

63 1990. Original zitiert nach: Pierre BOURDIEU, *Sur l'État: Cours au Collège de France (1989-1992)*, Paris 2015, S. 176: »Dans cette région, les hommes votaient à l'unanimité. Arrivent des décrets disant qu'il faut voter à la majorité.«

MAHNUNGEN AUS DEM OFF

Emma GOLDMAN

*»Die Masse«
ist, wohlgemerkt,
der Titel,
den Landauer
der Rede gab*

DER SOZIALIST

ORGAN DES SOZIALISTISCHEN BUNDES

3. JAHRGANG	BERN, DEN 1. AUGUST 1911	NUMMER 15

Die Masse

WENN ICH DIE Richtung, in der unsre Zeiten sich bewegen, mit einem Wort zusammenfassen soll, so sage ich: Quantität. Die Menge, der Geist der Masse herrscht allenthalben vor und zerstört die Qualität. All unser Leben — Produktion Politik und Erziehung — beruht auf der Quantität, auf der großen Zahl. Der Handwerker, der einst auf die Genauigkeit und Qualität seiner Arbeit stolz war, ist durch gedankenlose und an der Sache nicht interessierte Automaten ersetzt worden, die riesige Mengen von Gegenständen herstellen, die für sie selbst keinen Wert haben und der übrigen Menschheit oft genug von Schaden sind. So hat die Quantität, anstatt die Behaglichkeit und den Frieden des Lebens zu erhöhen, nur die Lasten der Menschen vermehrt.

In der Politik zählt nichts als die Quantität. Prinzipien, Ideale, Gerechtigkeit und Festigkeit sind völlig von der Menge hinweggespült worden. In dem Kampf um Herrschaft übertrumpfen die verschiedenen politischen Parteien einander mit ihren Tricks, Betrügereien, Schlauheiten und schäbigen Machinationen; sie dürfen getrost darauf rechnen, daß die Partei, die Erfolg hat, von der Mehrheit als Sieger bejubelt wird. Das ist der einzige Gott: der Erfolg. Auf welche Kosten, mit welch schrecklichen Schädigung des Charakters kommt nicht in Betracht.

Oft wird in unsrer Zeit von allen Politikern, die Sozialisten einbegriffen, das Sprüchlein wiederholt, wir lebten im Zeitalter des Individualismus oder der Macht der Minorität. Diese Ansicht können nur solche hegen, die nicht unter die Oberfläche dringen. Haben nicht, sagt man, die wenigen allen Reichtum der Welt im Besitz? Sind sie nicht die Herren, die unbeschränkten Könige der Situation? Ihr Erfolg ist nicht dem Individualismus, sondern der Trägheit, der Erbärmlichkeit, der völligen Unterwerfung der Masse zu danken. Diese begehrt nichts anderes als beherrscht, geführt und gezwungen zu werden. Der Individualismus aber hatte zu keiner Zeit in der ganzen Menschengeschichte weniger Aussicht sich zu verwirklichen, weniger Gelegenheit sich in normaler, gesunder Weise zu behaupten.

Der individuelle Erzieher, der einem ernsten Ziele nachstrebt, der Künstler oder Schriftsteller mit originellen Ideen der unabhängige Gelehrte oder Forscher, die unnachgiebigen Pioniere der sozialen Umgestaltung, alle werden sie täglich von Männern zur Seite gedrängt, deren Bildung und Schöpferkraft an Altersschwäche kranken.

. . . Man braucht nur unsre Parke und öffentlichen Plätze anzusehen, um sich von der Häßlichkeit und Gewöhnlichkeit der Kunstfabrikate zu überzeugen. Die Denkmäler, die unsere Städte verunzieren, falsch in der Konzeption und barbarisch in der Ausführung, haben nicht mehr Aehnlichkeit mit wirklicher Kunst als der Götze eines Hottentottenstammes mit einem Michel Angelo. Wahrlich, nur ein Mehrheitsgeschmack kann solch eine Verhöhnung der Kunst dulden. Aber das ist die einzige Art Kunst, die jetzt Erfolg hat. Der wahre Künstler, der sich herkömmlichen Anschauungen nicht beugt, der seine Originalität bekundet und dem Leben treu sein will, führt ein unbekanntes und geplagtes Dasein. Sein Werk kann eines Tages der bewunderte Götze der Menge werden, aber erst, wenn er sein Herzblut hingegeben hat; erst, wenn der Pfadfinder nicht mehr lebt und ein Haufe idealloser und unschöpferischer Gesellen das Erbe des Meisters zu Tode gehetzt hat.

Die unverzeihlichste Sünde in der Gesellschaft ist Unabhängigkeit des Denkens. Daß das in einem Lande, dessen Wahrzeichen die Demokratie ist, so schrecklich klar zu Tage tritt, ist für die überwältigende Macht der Mehrheit sehr bezeichnend.

Wendell Phillips sagte vor fünfzig Jahren: »In unserm Lande der völligen demokratischen Gleichheit ist die öffentliche Meinung nicht nur allmächtig, sie ist allgegenwärtig. Vor ihrer Tyrannei gibt es keine Zufluchtsstätte, vor ihrem Bereich gibt es kein Versteck, und das Resultat ist, daß wenn einer die alte Laterne des Diogenes nimmt und unter die Menge geht, um einen Menschen zu suchen, er nicht einen einzigen Amerikaner findet, der nicht für seinen Ehrgeiz, seine soziale Existenz oder sein Geschäft von der guten Meinung und den Beschlüssen seiner Umgebung etwas zu gewinnen oder zu verlieren hat, und wenn solcher Gewinn oder Verlust nur in seiner Einbildung leben sollte. Und die notwendige Folge ist, daß wir, anstatt eine Masse von Individuen zu sein, von denen jedes furchtlos seine eigene Ueberzeugung durchführt, daß wir als Nation in Vergleich mit andern Nationen eine Masse von Feiglingen sind. Mehr als jedes andere Volk haben wir gegenseitig vor einander Angst.« Es ist klar, daß wir uns von dem Zustand, den Wendell Phillips vor Augen gehabt hat, nicht eben weit entfernt haben . . .

Immer, in jeder Periode, waren die wenigen die Bannerträger einer großen Idee, die Vorkämpfer der Befreiung. Nicht so die Masse, deren Bleigewicht sie nicht zur Bewegung kommen läßt. Diese Wahrheit ist am deutlichsten in Rußland sichtbar zu machen. Tausende von Menschenleben sind schon von diesem blutigen Regiment vernichtet worden, aber der Menschenfresser auf dem Throne ist noch nicht satt. Wie ist so etwas möglich, wenn Ideen, Kultur, Litteratur, wenn das tiefste und feinste Leben der Seele unter dem eisernen Joch stöhnt? Die Mehrheit, diese kompakte, unbewegliche, dumpfe Masse, der russische Bauer glaubt nach einem Jahrhundert des Kampfes des Opfers, des unsäglichen Elends immer noch, der Strick, mit dem »der Mann mit den weißen Händen« (der Intellektuelle) gehängt worden sei, bringe Glück.

In dem amerikanischen Freiheitskampf war die Masse genau ebenso ein unbeweglicher Block. Noch bis zum heutigen Tage werden die Ideen von Jefferson, von Patrick Henry, von Thomas Paine von ihren Nachkommen verleugnet und verraten. Die wahren Schirmer

Scan vom Original, dessen stolzer Besitzer ich bin. | Die schlichte Antiqua des Titelschriftzugs machte den Bruch deutlich zu 𝕯𝖊𝖗 𝕾𝖔𝖟𝖎𝖆𝖑𝖎𝖘𝖙, 1891 »Organ des Vereins unabhängiger Sozialisten«, ab 1893 eine anarchistische Zeitschrift, ab 1895 »Organ aller Revolutionäre«, ab 1899 eine »Anarchistische Monatszeitschrift«; herausgegeben seit 1893 von Gustav LANDAUER. Titelschriftzug in jeweils wundervoller Fraktur.

Emma Goldman: Die Masse
Minorities versus Majorities [1909]

[Zur Einleitung: Emma GOLDMAN, 1869-1940. Geboren im heutigen Litauen. 1886 in die USA ausgewandert. Agitation für den Anarchismus und die Befreiung der Frau. Ende 1919 Deportation nach Russland. 1921 Flucht nach England und erste Berichte über die Verbrechen der Bolschewiki, die nicht von reaktionären zaristischen Kräften, vielmehr von einer freiheitlichen Revolutionärin stammen. Weitere Stationen sind Frankreich, Spanien und Kanada, wo sie am 14. Mai 1940 in Toronto stirbt.

biografische Skizze

Emma GOLDMAN nannte sich eine »Kommunistin«. Aber ihr *anarchistischer* Kommunismus war getauft mit Individualismus und sogar Aristokratismus Henrik IBSENs und Friedrich NIETZSCHES. Obwohl auch sie bisweilen in die Rhetorik der »Volksmassen« verfiel, deren einheitlicher – revolutionärer? – Wille kreativ in eine ganz bestimmte Richtung ziele, wusste sie es offenbar besser, wie dieser Text zeigt.

Kommunismus? Individualismus? Anarchismus!

Die folgende Rede »*Minorities versus Majorities*« erschien in der Sammlung »*Anarchism and Other Essays*« 1910. Dass die Datierung »1917«, die auf einigen Web-Sites zu finden ist, nicht stimmt, ergibt sich eindeutig daraus, dass in der von Gustav LANDAUER herausgegebenen Zeitung »Der Sozialist« im August 1911 eine Übersetzung erschien. Die Übersetzung von Gustav LANDAUER war nicht vollständig. Ich habe sie um die fehlenden Abschnitte ergänzt.]

Informationen zur Erstveröffentlichung

Wenn ich die Richtung, in der unsere Zeiten sich bewegen, mit einem Wort zusammenfassen soll, so sage ich: Quantität. Die Menge, der Geist der Masse herrscht allenthalben vor und zerstört die Qualität. All unser Leben – Produktion, Politik und Erziehung – beruht auf der Quantität, auf der großen

Quantität versus Qualität

Zahl. Der Handwerker, der einst auf die Gediegenheit und Qualität seiner Arbeit stolz war, ist durch gedankenlose und an der Sache nicht interessierte Automaten ersetzt worden, die riesige Mengen von Gegenständen herstellen, die für sie selbst keinen Wert haben und der übrigen Menschheit oft genug von Schaden sind. So hat die Quantität, anstatt die Behaglichkeit und den Frieden des Lebens zu erhöhen, nur die Lasten des Menschen vermehrt.

Politik des Erfolgs

In der Politik zählt nichts als die Quantität. Prinzipien, Ideale, Gerechtigkeit und Festigkeit sind völlig von der Menge hinweggespült worden. In dem Kampf um die Herrschaft übertrumpfen die verschiedenen politischen Parteien einander mit ihren Tricks, Betrügereien, Schlauheiten und schäbigen Machinationen; sie dürfen getrost darauf rechnen, daß die Partei, die Erfolg hat, von der Mehrheit als Sieger bejubelt wird. Das ist der einzige Gott: der Erfolg. Auf welche Kosten, mit welch schrecklicher Schädigung des Charakters, das kommt nicht in Betracht. [Nach Beweisen für diese traurige Tatsache brauchen wir nicht lange zu suchen.

Nie zuvor zeigte sich die Korruption, die ganze Verdorbenheit unserer Regierung so offensichtlich wie heute; nie zuvor sah das amerikanische Volk sich so mit der Judas-Natur jenes politischen Apparats konfrontiert, der all die Jahre behauptete, als Hauptstütze unserer Verfassung und wahrer Beschützer der Rechte und der Freiheiten des Volks absolut über jeden Vorwurf erhaben zu sein.

Stabilisierung des Systems durch die Opfer

Doch während die Verbrechen der Politik so dreist wurden, dass selbst ein Blinder sie erkennen musste, genügte es, ihre Lakaien in Marsch zu setzen, und die Herrschaft war wieder gesichert. Die eigentlichen Opfer, getäuscht, verraten, überdies hundertfach geschändet, entschieden sich nicht *gegen*, sondern *für* den Täter. Bestürzt fragten sich die Wenigsten, wie denn die Mehrheit die Traditionen der amerikanischen Freiheit verraten konnte? Wo war ihr Urteilsvermögen, ihr Verstand geblieben? Dies aber ist ja gerade der Punkt: Die Mehrheit kann nicht vernünftig denken; sie verfügt eben über kein Urteilsvermögen. Da es ihr gänzlich an Originalität und moralischem Mut fehlt, hat die Mehrheit ihr Schicksal immer in die Hände Anderer gelegt. Unfähig, verantwortlich zu handeln, ist sie den Führern willig in ihren Untergang gefolgt. Dr. Stockmann[01] hatte Recht: »Der gefährlichste Feind der Wahrheit und der Gerechtigkeit bei uns – das sind die kompakten Majoritäten. Jawohl, die verfluchte, kompakte Majorität.« Da ohne Ehrgeiz und Initiative, hasst diese »kompakte Masse« nichts so sehr wie Erfindungen. Sie stand dem Erfinder, dem Pionier einer neuen Wahrheit immer feindselig gegenüber, verurteilte und verfolgte ihn.][02]

Henrik Ibsen

Oft wird in unserer Zeit von allen Politikern, die Sozialisten einbegriffen, das Sprüchlein wiederholt, wir lebten im Zeitalter des Individualismus oder der Macht der Minorität. Diese Ansicht können nur solche hegen, die nicht unter die Oberfläche dringen. Haben nicht, sagt man, die wenigen allen Reichtum der Welt im Besitz? Sind sie nicht die Herren, die unbeschränkten Könige der Situation? Ihr Erfolg ist aber nicht dem Individualismus, sondern der Trägheit, der Erbärmlichkeit, der völligen Unterwerfung der Masse zu danken. Diese begehrt nichts anderes, als beherrscht, geführt und gezwungen zu werden. Der Individualismus aber hatte zu keiner Zeit in der ganzen Menschheitsgeschichte weniger Aussicht, sich zu verwirklichen, weniger Gelegenheit, sich in normaler, gesunder Weise zu behaupten.

Individualismus? Nein, Kult der Masse

Der individuelle Erzieher, der einem ernsten Ziele nachstrebt, der Künstler oder Schriftsteller mit originellen Ideen, der un-

Individuum

---

01 Dr. Stockmann ist eine Figur im Theaterstück von Henrik IBSEN, *En Folkefiende* (dt. *Ein Volksfeind*, bzw. engl.: *An Enemy of the People*), 1882. GOLDMAN ersetzt Freiheit (*frihetens*) durch Gerechtigkeit (*justice*) und lässt das Adjektiv *liberale* aus: »Sannhetens og *frihetens* farligste fiender i blant oss, det er den kompakte majoriteten. Ja, den forbannede, kompakte, *liberale* majoritet.«
02 Die Abschnitte in eckigen Klammern erschienen nicht in »Der Sozialist«.

das Ibsen-Zitat im Original

4   *Foreword*

Hauptmann and a host of others mirror in their work as much of the spiritual and social revolt as is expressed by the most fiery speech of the propagandist. And more important still, they compel far greater attention. Their creative genius, imbued with the spirit of sincerity and truth, strikes root where the ordinary word often falls on barren soil.

The reason that many radicals as well as conservatives fail to grasp the powerful message of art is perhaps not far to seek. The average radical is as hidebound by mere terms as the man devoid of all ideas. " Bloated plutocrats," " economic determinism," " class consciousness," and similar expressions sum up for him the symbols of revolt. But since art speaks a language of its own, a language embracing the entire gamut of human emotions, it often sounds meaningless to those whose hearing has been dulled by the din of stereotyped phrases.

On the other hand, the conservative sees danger only in the advocacy of the Red Flag. He has too long been fed on the historic legend that it is only the " rabble " which makes revolutions, and not those who wield the brush or pen. It is therefore legitimate to applaud the artist and hound the rabble. Both radical and conservative have to learn that any mode of creative work, which with true perception portrays social wrongs earnestly and

Zwei Seiten aus Emma GOLDMANS Buch, *The Social Significance of The Modern Drama*, New York 1914. Scan vom Original. In diesem Buch behandelt sie die Bühnenautoren Henrik IBSEN, August STRINDBERG, Hermann SUDERMANN, Gerhart HAUPTMANN, Frank WEDEKIND, Maurice MAETERLINCK, Edmond ROSTAND, [Eugène] BRIEUX, George Bernard SHAW, John GALSWORTHY, Stanley HOUGHTON, Githa SOWERBY, William Butler YEATS, Len[n]ox* ROBINSON, T.G. MURRAY, Leo TOLSTOY, Anton TCHEKHOF, Maxim GORKI, Leonid ANDREYEV.   [*Durchgängig mit nur einem *n* geschrieben.]

THE SOCIAL SIGNIFICANCE OF THE MODERN DRAMA

THE SCANDINAVIAN DRAMA

HENRIK IBSEN

IN a letter to George Brandes, shortly after the Paris Commune, Henrik Ibsen wrote concerning the State and political liberty:
"The State is the curse of the individual. How has the national strength of Prussia been purchased? By the sinking of the individual in a political and geographical formula. . . . The State must go! That will be a revolution which will find me on its side. Undermine the idea of the State, set up in its place spontaneous action, and the idea that spiritual relationship is the only thing that makes for unity, and you will start the elements of a liberty which will be something worth possessing."

The State was not the only *bête noire* of Henrik Ibsen. Every other institution which, like the State, rests upon a lie, was an iniquity to him. Uncompromising demolisher of all false idols and dynamiter of all social shams and hypocrisy, Ibsen

11

mit Ibsen eröffnet sie ihr Buch; er ist offensichtlich ihr Lieblingsdichter

Henrik IBSEN an Georg BRANDES, Brief vom 17. 02. 1871. »Der Staat ist der Fluch des Individuums. Womit wurde die Stärke Preußens als Staat erkauft? Durch das Aufgehen der Individuen in einer politischen und geographischen Formel. [...] Der Staat muss verschwinden! Das wäre eine Revolution, die auch mich auf ihrer Seite hätte. Untergrabt die Idee des Staats, setzt an seine Stelle Freiwilligkeit [IBSEN: *frivilligheden*, GOLDMAN: *spontaneous action*] und geistige Verwandtschaft als von der entscheidenden Bedeutung für einen Zusammenschluss, – das wäre der Beginn einer Freiheit, die etwas wert ist.«

das Zitat im Original, siehe S. 6

abhängige Gelehrte oder Forscher, die unnachgiebigen Pioniere der sozialen Umgestaltung, alle werden sie täglich von Männern zur Seite gedrängt, deren Bildung und Schöpferkraft an Altersschwäche kranken.

Beispiele [Erzieher vom Typus eines FERRER[03] toleriert man nirgends, während die Diätologen für vorgekaute Speisen, wie zum Beispiel die Professoren ELIOT[04] und BUTLER,[05] das Zeitalter der Nichtigkeiten und Automaten erfolgreich zu erhalten suchen. In der Welt von Literatur und Theater sind die Humphrey WARDS[06] und Clyde FITCHS[07] die Idole der Massen, während nur wenige die Schönheit und das Genie eines EMERSON,[08] THOREAU,[09] WHITMAN,[10] eines HAUPTMANN,[11] eines Butler YEATS[12] oder eines Stephen PHILLIPS[13] anerkennen oder zu schätzen wissen. Sie sind wie einsame Sterne, weit oberhalb des Horizonts der Vielen.

Verleger, Theaterintendanten und Kritiker fragen nicht nach *Massen-* der Qualität, die jeder schöpferischen Kunst innewohnt, son-*geschmack* dern ob sie sich wohl gut verkaufen lässt und den Geschmack

---

wer war 03 Francesc FERRER I GUÀRDIA, *aka* Francisco Ferrer, 1859-1909, katalanischer
Ferrer? Anarchist und Pädagoge, Begründer der bis in die USA wirksamen *Escuela Moderna*, einer libertären Schulalternative. 1909 der Beteiligung an einem Aufstand angeklagt und ohne faire Gerichtsverhandlung zum Tode verurteilt.
04 Vermutlich: Charles William ELIOT, 1834-1926, Chemiker und für 40 Jahre Präsident der *Harvard University*. Dort führte er unter anderem standardisierte Aufnahmeprüfungen ein.
05 Vermutlich: Nicholas Murray BUTLER, 1862-1947, Philosoph, Präsident des *Columbia College*, das er zur Universität ausbaute.
06 Mary Augusta WARD, 1851-1920, schrieb unter dem Namen *Mrs. Humphrey Ward*. War aktiv gegen das Frauenwahlrecht.
07 Clyde FITCH, 1865-1909, populärer Broadway-Autor.
08 Ralph Waldo EMERSON, 1803-1882, Philosoph und Dichter. Siehe Fn. 44.
09 Henry David THOREAU, 1817-1862, Philosoph und Begründer des zivilen Ungehorsams.
10 Walt WHITMAN, 1819-1892, Dichter. Berühmtestes Werk: *Leaves of Gras*.
11 Gerhart HAUPTMANN, 1862-1946, Schriftsteller. 1912 erhielt er den Nobelpreis für Literatur. Emma GOLDMAN widmete ihm ein Kapitel in ihrem Buch »*The Social Significance of the Modern Drama*« (1914).
12 William Butler YEATS, 1865-1939, Dichter.
13 Stephen PHILLIPS, 1864-1915, Dichter und Dramatiker.

des Volkes trifft. Aber o weh!, dieser Geschmack ist wie eine Müllkippe: Ihm schmeckt alles, was kein geistiges Kauen verlangt. Die Folge ist, dass mittelmäßiges, abgedroschenes Zeug aus der literarischen Produktion herauskommt.

Muss ich noch darauf hinweisen, dass wir uns in der bildenden Kunst diesen gleichen traurigen Tatsachen gegenübersehen?] … Man braucht nur unsre Parke und öffentlichen Plätze anzusehen, um sich von der Häßlichkeit und Gewöhnlichkeit der Kunstfabrikate zu überzeugen. Die Denkmäler, die unsere Städte verunzieren, falsch in der Konzeption und barbarisch in der Ausführung, haben nicht mehr Ähnlichkeit mit wirklicher Kunst als der Götze eines Hottentottenstammes mit einem MICHEL ANGELO. Wahrlich, nur ein Mehrheitsgeschmack kann solch eine Verhöhnung der Kunst dulden. Aber das ist die einzige Art Kunst, die jetzt Erfolg hat. Der wahre Künstler, der sich herkömmlichen Anschauungen nicht beugt, der seine Originalität bekundet und dem Leben treu sein will, führt ein unbekanntes und geplagtes Dasein. Sein Werk kann eines Tages der bewunderte Götze der Menge werden, aber erst, wenn er sein Herzblut hingegeben hat; erst, wenn der Pfadfinder nicht mehr lebt und ein Haufe idealloser und unschöpferischer Gesellen das Erbe des Meisters zu Tode gehetzt hat. [Man sagt, der Künstler von heute könne nicht schöpferisch tätig sein, weil er, wie einst Prometheus, an einen Felsen gekettet sei, und zwar an den der ökonomischen Notwendigkeit. Doch das trifft für die Kunst aller Jahrhunderte zu. MICHELANGELO hing nicht weniger von seinem Gönner ab als der Bildhauer und Maler von heute,[14] nur waren die Kunstkenner in jenen Tagen weit entfernt von der verrückten

Niedergang der Kunst

Künstler und Mäzene

14 MICHELANGELO Buonarroti, 1475-1564. Man erlaube mir, an dieser Stelle ein Fragezeichen hinter GOLDMANS Verklärung der feudalistischen Vergangenheit zu setzen. Die Feudalherrn waren nicht bloß geldgieriger als Kapitalisten unserer Tage, es klebte auch jede Menge Bauernblut an ihrem Mäzenatentum. Und ob sie mit mehr künstlerischem Sachverstand oder besserem Geschmack ausgezeichnet waren, lassen wir mal dahingestellt.

Goldenes Zeitalter der Mäzene?

der Sponsor

Menge. Sie empfanden es als Ehre, wenn sie am Altar des Meisters ihre Andacht verrichten durften. Der Sponsor der Kunst unserer Tage kennt nur ein Kriterium als Wertmesser – den Dollar. Ihn interessiert nicht die Qualität eines großen Werks, vielmehr die Menge an Dollars, die sein Erwerb kostet. So zeigt der Finanzier in MIRBEAUS »*Geschäft ist Geschäft*« auf irgendein unscharfes Arrangement in Farben und sagt: »Seht bloß, wie wunderbar es ist; es kostete mich 50 000 Francs.«[15] Genau wie unsere heutigen Parvenüs.[16] Die Unsummen, die sie für ihre großen Kunstentdeckungen bezahlt haben, müssen ihren Mangel an gutem Geschmack aufwiegen.][17] Die unverzeihlichste Sünde in der Gesellschaft ist Unabhängigkeit des Denkens. Daß das in einem Lande, dessen Wahrzeichen die Demokratie ist, so schrecklich klar zu Tage tritt, ist für die überwältigende Macht der Mehrheit sehr bezeichnend.

Gleichheit und Herrschaft öffentlicher Meinung

Wendell PHILLIPS sagte vor 50 Jahren:[18] »In unserm Lande der völligen demokratischen Gleichheit ist die öffentliche Meinung nicht nur allmächtig, sie ist allgegenwärtig. Vor ihrer Tyrannei gibt es keine Zufluchtsstätte, vor ihrem Bereich gibt es kein Versteck, und das Resultat ist, daß wenn einer die alte Laterne des DIOGENES nimmt und unter die Menge geht, um einen

15 Octave MIRBEAU, 1848-1917. *Les affaires sont les affaires*, 1903.
16 Neureiche, Emporkömmlinge. – Interessant, dass Emma GOLDMAN, eine Kommunistin, dieses pejorative Wort des konservativen Geldadels verwandte.
17 Die Abschnitte in eckigen Klammern erschienen nicht in »Der Sozialist«.
18 Wendell PHILLIPS, 1811-1884. Aktivist zur Abschaffung der Sklaverei. Der Text stammt aus dem Jahre 1873, ist demnach zum Zeitpunkt, da GOLDMAN ihn zitiert, knappe 30 Jahre alt. Wendell PHILLIPS, *Daniel O'Connell: The Irish Patriot*, Boston 1884, S. 16: »In our country of absolute, democratic equality, public opinion is not only omnipotent, it is omnipresent. There is no refuge from its tyranny, there is no hiding from its reach, and the result is that if you take the old Greek lantern and go about to seek among a hundred, you will not find a single American who has not, or who does not fancy at least he has, something to gain or lose in his ambition, his social life, or business, from the good opinion and the votes of those around him. And the consequence is that instead of being a mass of individuals, each one fearlessly blurting out his own conviction, as a nation compared to other nations we are a mass of cowards. More than any other people we are afraid of each other.«

Parvenüs

das Phillips-Zitat im Original

Menschen zu suchen,[19] er nicht einen einzigen Amerikaner findet, der nicht für seinen Ehrgeiz, seine soziale Existenz oder sein Geschäft von der guten Meinung und den Beschlüssen seiner Umgebung etwas zu gewinnen oder zu verlieren hat, und wenn solcher Gewinn oder Verlust nur in seiner Einbildung leben sollte. Und die notwendige Folge ist, daß wir, anstatt eine Masse von Individuen zu sein, von denen jedes furchtlos seine eigene Überzeugung durchführt, daß wir als Nation im Vergleich mit andern Nationen eine Masse von Feiglingen sind. Mehr als jedes andere Volk haben wir gegenseitig vor einander Angst.« Es ist klar, daß wir uns von dem Zustand, den Wendell PHILLIPS vor Augen gehabt hat, nicht eben weit entfernt haben. … [Heute wie damals ist die öffentliche Meinung der allgegenwärtige Tyrann; heute wie damals ist die Mehrheit eine Masse von Feiglingen, bereit, jeden zu akzeptieren, der ihr das eigene geistige und seelische Elend widerspiegelt. Dies erklärt den beispiellosen Aufstieg eines Menschen wie ROOSEVELT.[20] Er verkörpert die schlimmsten Aspekte in der Psychologie des Pöbels. Als Politiker weiß er, dass die Mehrheit sich wenig um Ideale und Integrität schert. Wonach sie sich sehnt, ist *Show*, gleichgültig, ob es sich um eine Hundeschau, einen Boxkampf, das Lynchen eines »Niggers«, die Jagd auf einen kleinen Verbrecher, die Heiratsverkündigung einer reichen Erbin oder die Mätzchen eines Expräsidenten[21] handelt. Je hässlicher die

Tyrannei der öffentlichen Meinung

19 Eine Anekdote über den griechischen asketischen (»kynischen«) und sozialkritischen Philosophen DIOGENES von Sinope (413-323 v. Chr.) erzählt, er sei am hellichten Tag mit einer Laterne über den Marktplatz von Athen gegangen und habe dabei gesagt, er »suche den Menschen«.

20 Gemeint ist, selbstredend, *Theodore* ROOSEVELT, 1858-1919. Politiker der republikanischen Partei, Präsident 1901-1908, und der führende Vertreter des sogenannten »Progressivismus«, das heißt eines massiven Ausbaus der Staatsmacht, besonders in Hinsicht auf den Wohlfahrtsstaat. Der us-amerikanische Progressivismus entspricht in etwa der deutschen Sozialdemokratie.

21 »*the acrobatic stunts of an ex-president*«, eventuell handelt es sich hier um eine Anspielung auf die *Smithsonian-Roosevelt African Expedition*, die ROOSEVELT unmittelbar nach seiner Präsidentschaft startete und die er in einem Buch mit dem Titel *African Game Trails* beschrieb.

Theodore Roosevelt

mentalen Entgleisungen, um so größer das Entzücken und die Bravorufe der Masse. So bleibt ROOSEVELT, arm an Idealen und von vulgärem Wesen, weiterhin der Held des Tages.

Individuum versus die Masse

Andererseits werden die Menschen, die solchen politischen Pygmäen haushoch überlegen sind, talentierte, gebildete und kultivierte Menschen, mit der Verspottung als Weicheier ins Schweigen getrieben. Es ist abwegig zu behaupten, wir lebten in der Ära des Individualismus. Wir wiederholen nur noch auffälliger eine Erscheinung der gesamten Geschichte, nämlich dass jedes Streben nach Fortschritt, nach Aufklärung und nach Wissen, nach religiöser, politischer und wirtschaftlicher Freiheit von einer Minderheit ausgeht, nicht von der Masse. Und heute wie zu allen Zeiten werden diese Wenigen missverstanden, gejagt, eingesperrt, gefoltert und getötet.

Politik als Verhängnis

Das Prinzip der Brüderlichkeit, wie der Agitator von Nazareth [JESUS] es predigte, erhielt den Keim des Lebens, der Wahrheit und der Gerechtigkeit so lange, als es das Leuchtfeuer Weniger war. Von dem Augenblick an, an dem sich die Mehrheit seiner bemächtigte, wurde dieses große Prinzip ein Erkennungszeichen und Vorbote von Blut und Feuer, das Leiden und Verderben verbreitete. Die Attacke auf die Allmacht Roms, die die großartigen Gestalten HUS,[22] CALVIN[23] und LUTHER[24] anführten, war wie ein Sonnenaufgang mitten in der Dunkelheit der Nacht. Sobald LUTHER und CALVIN zur Politik griffen und den kleinen Potentaten, dem Adel und der Stimmung des Pöbels zu schmeicheln begannen, setzten sie jedoch die vielfältigen Chancen der Reformation aufs Spiel. Sie hatten Erfolg und gewannen die Mehrheit; diese Mehrheit erwies sich bei der Verfolgung von Denken und Vernunft allerdings als nicht

22 Jan HUS, 1369-1415, Reformator, als Ketzer zum Feuertod verurteilt und verbrannt. Auf ihn geht die Bewegung der Hussiten zurück (Hussitenkriege, 1419-1434).
23 Johannes CALVIN, 1509-1564, Reformator und Begründer des Calvinismus sowie indirekt des Puritanismus.
24 Martin LUTHER, 1483-1546, Reformator.

minder grausam und blutrünstig als das katholische Monster. Wehe den Häretikern, den Minderheiten, die sich ihren Entscheidungen nicht unterordnen. Nach endloser Anstrengung, Geduld und Opferbereitschaft hat sich der menschliche Geist letzten Endes vom religiösen Phantom befreit; die Minderheit brach auf in neue Gefilde, die Mehrheit hingegen bleibt zurück, behindert durch Wahrheiten, die mit fortschreitendem Alter sich in Unwahrheit verkehrten.

Politisch würde die Menschheit sich noch heute in absoluter Sklaverei befinden, wenn es keinen John BALL,[25] Wat TYLER,[26] TELL,[27] und keinen der unzähligen Giganten gegeben hätte, die Zentimeter für Zentimeter gegen die Macht der Könige und Tyrannen ankämpften. Ohne einzelne Pioniere wäre die Welt niemals von jener ungeheuren Welle, der französischen Revolution, bis in ihre Grundfesten erschüttert worden. Die großen Ereignisse künden sich für gewöhnlich in scheinbar kleinen Details an. So erschallte etwa die Beredsamkeit und das Feuer des Camille DESMOULINS[28] wie die Trompete von Jericho, die die Verkörperung der Folter, der Willkür und des Schreckens, die Bastille, dem Erdboden gleichmachte.][29]

Immer, in jeder Periode, waren die wenigen die Bannerträger

Befreiung
als Leistung
Einzelner

---

25 John BALL, 1335-1381, Prediger auf Seiten der aufständischen Bauern. Er knüpfte an die Lehren John WYCLIFS (1330-1384) an, auf die sich auch Jan HUS stützte (vgl. Fn. 22). Hinrichtung auf Veranlassung des englischen Königs.

26 Wat TYLER, † 1381, Anführer eines englischen Bauernaufstandes 1381, der sich gegen eine Kopfsteuer zur Kriegsfinanzierung richtete.

27 Wilhelm TELL, schweizer Nationalheld, vermutlich Legende.

28 Benoît Camille DESMOULINS, 1760-1794, französischer Revolutionär. Mit seinen Aufrufen war er einer der Initiatoren des »Sturms auf die Bastille« 1789. Gerade als radikaler Freiheitskämpfer kritisierte er den Kurs der Diktatur und die Praxis der Hinrichtungen unter der Herrschaft der Jakobiner Maximilian ROBESPIERRES und Louis Antoine DE SAINT-JUSTS (obgleich er selber 1792 in ein Massaker an inhaftierten vermeintlichen Gegnern der Revolution verwickelt war). Gemeinsam mit Georges DANTON wurde er hingerichtet. Seine junge Frau Anne-Lucile-Philippe LARIDON-DUPLESSIS protestierte gegen das Urteil, rief bei der Vollstreckung zum Widerstand gegen das Regime auf und wurde daraufhin ihrerseits guillotiniert.

wer war
Desmoulins?

29 Die Abschnitte in eckigen Klammern erschienen nicht in »Der Sozialist«.

Bannerträger
der Befreiung

einer großen Idee, die Vorkämpfer der Befreiung. Nicht so die Masse, deren Bleigewicht sie nicht zur Bewegung kommen läßt. Diese Wahrheit ist am deutlichsten in Rußland sichtbar zu machen. Tausende von Menschenleben sind schon von diesem blutigen Regiment vernichtet worden, aber der Menschenfresser auf dem Throne ist noch nicht satt. Wie ist so etwas möglich, wenn Ideen, Kultur, Literatur, wenn das tiefste und feinste Leben der Seele unter dem eisernen Joch stöhnen? Die Mehrheit, diese kompakte, unbewegliche, dumpfe Masse, der russische Bauer, glaubt nach einem Jahrhundert des Kampfes, des Opfers, des unsäglichen Elends immer noch, der Strick, mit dem »der Mann mit den weißen Händen« (der Intellektuelle)[30] gehängt worden sei, bringe Glück.

das Beispiel
Nordamerikas

In dem amerikanischen Freiheitskampf war die Masse genau ebenso ein unbeweglicher Block. Noch bis zum heutigen Tage werden die Ideen von JEFFERSON,[31] von Patrick HENRY,[32] von Thomas PAINE[33] von ihren Nachkommen verleugnet und verraten. [Die Masse will niemanden von ihnen. Die Größe und den Mut, verehrt bei LINCOLN,[34] billigt man denjenigen, die den Hintergrund für das Panorama jener Zeit schufen, nun nicht mehr zu.] Die wahren Schirmer der Schwarzen sind eine

---

30 Diese Klammer ist eine erklärende Hinzufügung durch Gustav LANDAUER.
31 Thomas JEFFERSON, 1743-1826, amerikanischer Revolutionsführer und der dritte Präsident der USA (1801-1809). 1776 verfasste er maßgeblich die Unabhängigkeitserklärung. Er trat für einen Minimalstaat ein, der ihn zum Idol von Anarchisten wie Albert Jay NOCK, Paul GOODMAN, Murray ROTHBARD oder eben auch Emma GOLDMAN werden ließ.
32 Patrick HENRY, 1736-1799, amerikanischer Revolutionär. – 1775 beendete er einen flammenden Aufruf zum Widerstand gegen England mit dem dann berühmt gewordenen Slogan »give me Liberty, or give me Death!«. Er trat noch radikaler als JEFFERSON gegen die Macht der Zentralregierung ein.

give me Liberty
or give me Death

33 Thomas PAINE, 1737-1809, stammte aus einer einfachen Quäker-Familie in England und brachte sich sein philosophisches Wissen autodidaktisch bei. 1774 emigrierte er in die USA, 1776 erschien sein revolutionäres Werk »Common Sense«, dessen Gedanken JEFFERSONS Unabhängigkeitserklärung beeinflussten.
34 Abraham LINCOLN, 1809-1865, ab 1861 bis zu seiner Ermordung Präsident der USA. Er führte den Norden im Bürgerkrieg gegen die Sezession des Südens. Es ging in diesem Krieg nicht nur, aber auch um die Befreiung der Sklaven.

Handvoll Kämpfer in Boston gewesen, Lloyd GARRISON,[35] Wendell PHILLIPS,[36] [H. D.] THOREAU,[37] Margaret FULLER[38] und Theodor PARKER,[39] deren große Tapferkeit und Hartnäckigkeit in dem düsteren Riesen John BROWN[40] ihren Gipfel fanden. Ihr unermüdlicher Eifer, ihre Beredsamkeit und Zähigkeit untergruben die starke Macht der Herren im Süden. LINCOLN und seine Getreuen folgten erst, als die Abschaffung der Sklaverei eine praktische Notwendigkeit geworden war, die als solche von allen[41] anerkannt wurde.

Vor etwa fünfzig Jahren erschien gleich einem Meteor am sozialen Horizont der Welt eine Idee, die so weitreichend, so revolutionär, so allumfassend war, daß sie allerwärts das Entsetzen in die Herzen der Tyrannen tragen mußte. Auf der anderen Seite war diese Idee für die Millionen eine Fackel der Freude, des Jubels, der Hoffnung. Die Pioniere kannten die Schwierigkeiten auf ihrem Weg, sie kannten den Widerstand, die Verfolgung, die Hindernisse, die sich ihnen entgegenstellen mußten, aber stolz und furchtlos schritten sie auf ihrem Weg weiter, immer weiter. Jetzt ist diese Idee ein populäres Schlagwort geworden. Fast jeder ist heute ein Sozialist: der Reiche ebenso wie der Arme, den er ausbeutet; die Vertreter von Gesetz und Autorität[42] ebenso wie die Unseligen, die vor ihre Schranken kommen; der Freidenker und ebenso der Verewiger des religiösen Trugs; die Modedame ebenso wie die heruntergekommene Dirne. Warum nicht? Jetzt, wo das, was vor

Pervertierung der Idee des Sozialismus

35 William Lloyd GARRISON, 1805-1879, Gegner der Sklaverei.
36 Siehe oben Fußnote 18.
37 Siehe oben Fußnote 9.
38 Margaret FULLER, 1810-1850. Sie gilt als Vorläuferin des Feminismus. Bei einem Schiffsunglück auf dem Rückweg von Italien kam sie ums Leben.
39 Theodor PARKER, 1810-1860, Theologe, Gegner der Sklaverei.
40 John BROWN, 1800-1859, hingerichtet nach einem Versuch, die Sklaven zum Aufstand zu bewegen.
41 Von *allen*, wirklich? Von den »Herren im Süden«, die sie drei Zeilen zuvor erwähnt, vermutlich nicht.
42 Hier und auf S. 94f gebraucht im US-amerikanischen Sinne als Synonym für Herrschaft, Staat, Institution, Behörde mit weitreichenden Machtbefugnissen.

50 Jahren Wahrheit war, zur Lüge geworden ist, jetzt, wo es all seine phantastische Jugend eingebüßt hat und seiner Kraft, seiner Stärke, seines revolutionären Ideals beraubt worden ist, – warum nicht? Jetzt, da er nicht länger eine zauberisch schöne Vision ist, sondern ein »praktischer, durchführbarer Plan«, der vom Willen der Mehrheit abhängt, warum nicht? Mit der nämlichen politischen Schlauheit und Kaltblütigkeit wird die Masse tagtäglich gekitzelt und vollgestopft. Ihr Lob wird in allen Tonarten gesungen: die arme, die beschimpfte, die betrogene, die riesenhafte Mehrheit – wenn sie uns nur folgen wollte!

Masse und Macht

Wer hat diese Litanei nicht schon gehört? Wer kennt nicht diesen stehenden Refrain aller Politiker? Daß die Masse blutet, daß sie beraubt und ausgebeutet wird, weiß ich so gut wie unsere Stimmenfänger. Aber ich behaupte, daß nicht die Handvoll Schmarotzer, sondern die Masse selbst für diesen furchtbaren Stand der Dinge verantwortlich ist. Sie hängt an ihren Herren; sie liebt die Peitsche; sie ist der erste, der »Kreuzige!« ruft, sowie sich eine Stimme der Empörung gegen die geheiligte Autorität des Kapitalismus oder einer anderen Institution erhebt. Wie lange könnten jedoch Autorität und Privateigentum[43] Bestand haben, wenn nicht die Masse wäre, die sich willig zu Soldaten, Polizisten, Kerkermeistern und Henkern hergibt!

die Demagogen des Sozialismus

Die Demagogen des Sozialismus wissen das so gut wie ich, aber sie bleiben bei ihren Märchen von den Tugenden der Mehrheit, weil sie nichts anderes im Sinn haben als die Herrschaft zu erlangen. Und wie könnten sie Herrschaft üben ohne die Menge?

43 Interessanterweise *kritisiert* Emma GOLDMAN in »*The Crushing of the Russian Revolution*« (1922; dt. *Die Ursachen des Niedergangs der Russischen Revolution*) die Praxis der Lebensmittel-Konfiszierung durch den bolschewistischen Staat (Rawjorstka) sowie die Tatsache, dass die Bauern nur formell Eigentümer des Landes und ihrer Produkte geworden seien, während in Wirklichkeit der Staat die Verfügungsmacht besitze. Die gegen das Eigentum gerichtete Rhetorik der »kommunistischen« Anarchisten ist nicht ganz ernst zu nehmen, wie ich in meiner dekonstruktivistischen Lektüre von Peter KROPOTKIN gezeigt habe: *Minimalinvasiv*, Berlin 2015 (edition g. 101), S. 125ff.

Jawohl, Macht, Autorität, Zwang und Abhängigkeit ruht auf der Masse, aber nie die Freiheit, nie die freie Entfaltung des Individuums, nie die Geburt einer freien Gesellschaft.

Nicht weil ich mit den Unterdrückten, den Enterbten der Erde nicht mitfühlte; nicht weil ich die Schmach, das Entsetzen, die Würdelosigkeit des Lebens, das das Volk führt, nicht kennte, verwerfe ich die Mehrheit als schöpferische Kraft und Quelle des Guten. O nein, nein! Sondern weil ich so gut weiß, daß das Volk als kompakte Masse niemals für Recht oder Gleichheit eingetreten ist. Es hat die Menschenstimme unterdrückt, den Menschengeist unterjocht, den Menschenleib gefesselt. Als Masse ist sein Ziel immer gewesen, das Leben gleichförmig, grau und eintönig wie die Wüste zu machen. Als Masse wird es immer der Vernichter der Individualität, der freien Initiative, der Ursprünglichkeit sein. Darum glaube ich mit EMERSON, daß »die Massen roh, lähmend und verderblich in ihren Forderungen und ihrem Einfluß sind und daß man ihnen nicht schmeicheln, sondern sie bilden soll. Ich wünsche ihnen nicht das mindeste zuzugestehen, sondern sie zu teilen und zu zertrümmern und Individuen aus ihnen herauszuziehen. Massen! Das Unheil sind die Massen. Ich will überhaupt keine Masse haben, sondern nur ehrbare Männer und liebliche, süße, reife Frauen.«[44]

ich will überhaupt keine Masse haben

Mit andern Worten: die lebendige Wahrheit der sozialen und wirtschaftlichen Wohlfahrt wird nur Wirklichkeit werden durch den Eifer, die Tapferkeit und die unnachgiebige Festigkeit intelligenter Minoritäten, aber nicht durch die Masse.

44 Ralph Waldo EMERSON, *Considerations by the Way* (ein Kapitel in *The Conduct of Life* [1860]); in: *Essays and Lectures*, New York 1983, S. 1081. »Masses are rude [bei GOLDMAN: *crude*], lame, unmade [fehlt bei ihr], pernicious in their demands and influence, and need not to be flattered, but to be schooled. I wish not to concede anything to them, but to tame [fehlt bei ihr], drill, divide, and break them up, and draw individuals out of them. [...] Masses! the calamity are the masses. I do not wish any mass at all, but honest men only, lovely, sweet, accomplished women only.« Der Satz geht so weiter: »and no shovel-handed, narrow-brained, gin-drinking million stockingers or lazzaroni at all.«

das Emerson-Zitat im Original

Gustav LANDAUER

DER SOZIALIST

ORGAN DES SOZIALISTISCHEN BUNDES

3. JAHRGANG	BERN, DEN 1. APRIL 1911	NUMMER 7

Bairam und Schlichting

IM HIMMEL ist jetzt wieder ein Gerichtstag abgehalten worden. Die himmlischen Heerscharen haben zwar schon vor etlicher Zeit ihre große Revolution gehabt und Gott enthront; aber es geht da doch immer noch recht autokratisch zu: bei gewöhnlichen Unsterblichen entscheidet wie vor alters der Pförtner Petrus, ob einer in den Himmel zugelassen wird oder in die Hölle wandern muß; bei Fällen von öffentlicher Bedeutung aber urteilt der Himmelskonvent. So war denn die gewaltige Versammlung zusammengetreten, und vor ihr standen zwei Männer, die beide Aufnahme in den Himmel begehrten und die beide wenige Tage nacheinander den Tod durch Erschießen gefunden hatten: der Oberst von Schlichting und sein Mörder, der Albanese Bairam. Die Konventsmitglieder übernehmen abwechselnd die verschiedenen Aemter; und so war die Reihe, als Himmelsanwälte zu fungieren, diesmal an *Mazzini* und *Proudhon*. Wir geben aus ihren beiden Reden hier das Wesentliche wieder.

Mazzini: Wäre mein Klient, der Oberst von Schlichting, der hier vor Ihnen steht, in preußischen Diensten geblieben, so hätte er sich, sehen Sie ihn nur an, noch eines langen Lebens freuen können, und ganz gewiß hätte ihn nie aus Reih und Glied heraus eine Kugel getroffen. Wäre er dann schließlich dahingegangen, so hätte der erhabene Konvent sich nicht zu bemühen brauchen; unser alter Petrus hätte ihm, ohne vom Sitz aufzustehen und die Pfeife aus dem Mund zu nehmen, bedeuten können, wo er die meisten seiner Kameraden und also für ihn die passendste Gesellschaft finden könne. Aber nun steht er anders vor uns da. Er ist in die Dienste einer Nation getreten, die sich in gewaltiger Erhebung, an der wir alle begeisterten Anteil genommen haben, das köstlichste Gut errungen hat: Freiheit und Einheit. Noch ist der innere Ausbau des türkischen Reiches und seine Unabhängigkeit nach außen nicht gesichert: und jeder, der dem neuen türkischen Regiment hilft, gerüstet zu sein und sich jedes Angriffs von innen oder außen zu erwehren, der dient der göttlichen Idee, über die wir hier oben zu wachen haben. Die kleinen barbarischen Stämme, die sich gegen die Einheit des Reichs auflehnen und die Türkei nicht zur Ruhe kommen lassen, sind Aufrührern und Verschwörern gleichzuachten, die es mit dem Pascharegiment, der despotischen Willkür und der Zerrissenheit halten. Der türkische Oberst von Schlichting ist als ein Opfer der Gegenrevolution und des Partikularismus anzuerkennen; nehmen wir ihn in unsere Reihen auf und schicken wir seinen Mörder zur Hölle!

Proudhon: Zunächst glaube ich im Namen des ganzen Konvents zu sprechen, wenn ich unserm edeln Mazzini danke, daß er in dieser Zeit, wo sein Name auf Erden und im Himmel millionenstimmig gerufen wird, doch hier im Konvent hat seine ernste Pflicht tun wollen. (Allseitige Zustimmung.) Wenn ein Einzelner als Schöpfer der Einheit Italiens vor allen andern, selbst noch vor Garibaldi, genannt werden darf, so ist es Giuseppe Mazzini. Aber das allerdings habe ich mich gefragt, als ich in diesen Tagen nach Italien hinabblickte, ob Mazzini in all diesen fünfzig Jahren immer noch nichts gelernt hat und ob er sich wirklich seiner Schöpfung freuen darf? Ich hatte vergessen, daß wir hier im Himmel nichts mehr lernen können, sondern bleiben, wie wir auf Erden gewesen sind. So will denn auch ich bleiben, der ich bin und will bekennen, daß ich mich der auf dem Wege der Revolution errungenen türkischen Einheit so wenig freuen kann wie damals der italienischen. Ich habe damals schon mit Mazzini gestritten und will ihm heute wörtlich wiederholen, was ich ihm 1862 gesagt habe: »Jeder ursprüngliche Charakter in den mannigfaltigen Landschaften eines Reiches geht durch die Zentralisation, das ist der wahre Name der sogenannten Einheit, verloren. Ein großer Zentralstaat konfisziert alle Freiheiten der Provinzen und der Gemeinden zu Gunsten einer höheren Macht, nämlich der Regierung. Was ist diese Einheit der Nation in Wahrheit? Das Aufgehen der besonderen Nationalitäten, in denen die Individuen leben und sich von einander unterscheiden, in einer abstrakten Nation, in der keiner atmet und keiner den andern kennt. Wenn aber das Nationalitätsprinzip Mazzinis gilt, so gilt es für die kleinsten Nationen ebenso wie für die größten; es verbürgt die Unabhängigkeit und Selbständigkeit der kleinen wie der großen Gemeinschaften.«

Sie werden gleich hören, daß ich zur Sache spreche, wenn ich diese alten Worte wiederhole. Nicht meine Schuld, daß sie nach fünfzig Jahren noch wiederholt werden müssen. Ich habe weiter gesagt: »Will man 26 Millionen Menschen regieren« — so viel hatte damals das Königreich Italien — »denen man die Verfügung über sich selbst geraubt hat, so braucht man, um diese riesige Maschine in Gang zu bringen, eine ungeheuerliche Bürokratie, eine Legion Beamte; um sie nach innen und außen zu schützen, braucht man ein stehendes Heer. Angestellte, Soldaten, Mietlinge, das wird in Zukunft die Nation vorstellen. Diese grandiose Einheit braucht Ruhm, Glanz, Luxus: eine imposante Zivilliste, stattliche Gehälter, Botschaften, Pensionen, Pfründen. In so einem Einheitsstaat streckt alles die Hand aus, und wer zählt die Schmarotzer? Das Volk! Wer einheitliche Nation sagt, der sagt eine Nation, die ihrer Regierung verkauft ist. Und wer hat den Nutzen davon? Das Volk? Nein, die oberen Klassen. Die Einheit ist heute und schon seit 1815 nichts weiter als eine Form der bourgeoisen Ausbeutung unter dem Schutz der Bajonette. Jawohl, die politische Einheit in den Großstaaten ist die Herrschaft des Bürgertums. Darum die Lust des Bourgeois am Einheitsstaat! In einem kleinen Gemeinwesen ist für den Bourgeois, den Bankier, den Spekulanten, den Großeigentümer usw. usw. nichts zu holen. Da gibt es nicht viele Aemter, sie werden niedrig oder gar nicht bezahlt, es ist keine Gelegenheit, sich auszuzeichnen; das bescheidene Verdienst bleibt im Dunkeln.«

Da das Attentat am 28. März 1911 und die Hinrichtung erst am 1. April stattfand, ist die Datierung dieser Ausgabe auf den 1. April 1911 nicht glaubwürdig. Aber jede Ausgabe der Zeitschrift ist auf den jeweiligen Monatsersten datiert. Mein Scan vom Original.

[96]

Gustav Landauer: Der Staat konfisziert alle Freiheiten
Bairam und Schlichting [1911]

[Zur Einführung: Gustav LANDAUER, 1870-1919. Pazifist. *biografische* Sozialist. Anarchist. Zionist. Nicht allein der Ausbruch *Skizze* des Weltkriegs, sondern vor allem auch die Begeisterung der Bevölkerung erschütterten ihn. Ihm gelang es, seinen Freund Martin BUBER, der anfangs in die Begeisterung eingestimmt hatte, umzustimmen. Im April 1919 beteiligte er sich an der Münchner Räterepublik, trat aber, angewidert vom Agieren der Staatskommunisten, schon wenige Tage später von allen Ämtern zurück. Er wird nach der Niederschlagung der Räterepublik verhaftet, misshandelt, ermordet und geplündert. Der Mörder und der Plünderer kommen mit geringfügigsten Strafen davon.

Von 1909 bis 1915 gab er die Zeitschrift »Der Sozialist« als *Zeitschrift* »Organ« des von ihm begründeten »Sozialistischen Bundes« *»Der Sozialist«* heraus. 1895 bis 1899 hatte er unter gleichem Titel, aber mit der Unterzeile »Organ für Anarchismus-Sozialismus«, schon eine Zeitung herausgegeben. Der »Sozialistische Bund«, zu dessen prominenten Mitgliedern Erich MÜHSAM, Margarethe FAAS-HARDEGGER und Martin BUBER gehörten, blieb ohne politische Wirkung. Die Idee bestand darin, unabhängig und außerhalb des Staats mit dem Aufbau einer freien Gesellschaft zu *beginnen*. Gewalt, auch gewaltsame Enteignung, als Maßnahme zur Umgestaltung der Gesellschaft lehnten LANDAUER und seine Mitstreiter ab.

Am 28. März 1911 wird Sigismund Lorenz VON SCHLICH- *Hintergrund-* TING (1863-1911), preußischer Offizier, osmanischer Oberst, *informationen* von einem zwangsrekrutierten albanischen Soldaten lebens- *zum Text* gefährlich angeschossen. Kurz darauf stirbt er. Den Attentäter richtet man am 1. April 1911 standrechtlich hin. Diesen Fall nimmt LANDAUER zum Ausgangspunkt, um mit der Idee des

Zentralstaats abzurechnen und für den dezentralen, auf Freiwilligkeit basierenden Nationalismus einzutreten. Zunächst greift er auf PROUDHONS Kritik an der italienischen Nationalstaatsbildung zurück, die er mit der Entwicklung in der Türkei in Parallele setzt. Dann skizziert er mit meisterhafter Psychologie, wie der Attentäter auf die Demütigung seines ganzen Volkes reagiert, die sich in einer kleinen Geste des preußischen Offiziers ausdrückt: Diese Skizze ist höchst aktuell.

zum zweiten Text Neben diesen Text stelle ich als Ergänzung und Fortführung die Utopie einer romantischen, nicht-etatistischen Nation, mit der LANDAUER 1915 offenbar gegen seine Depression über die nationalstaatliche Kriegsbegeisterung seiner Landsleute anschreibt: »*Aus unstillbarem Verlangen*«. Sie ist nicht in »Der Sozialist« erschienen, sondern erstmals vollständig in »*Rechenschaft*«, einer Sammlung von Essays, die LANDAUER 1918 herausbrachte.]

Prolog im Himmel Im Himmel ist jetzt wieder ein Gerichtstag abgehalten worden. Die himmlischen Heerscharen haben zwar schon vor etlicher Zeit ihre große Revolution gehabt und Gott entthront; aber es geht da doch immer noch recht autokratisch zu: bei gewöhnlichen Unsterblichen entscheidet wie vor alters der Pförtner Petrus, ob einer in den Himmel zugelassen wird oder in die Hölle wandern muß; bei Fällen von öffentlicher Bedeutung aber urteilt der Himmelskonvent. So war denn die gewaltige Versammlung zusammengetreten, und vor ihr standen zwei Männer, die beide Aufnahme in den Himmel begehrten und die beide wenige Tage nacheinander den Tod durch Erschießen gefunden hatten: der Oberst VON SCHLICHTING und sein Mörder, der Albanese BAIRAM. Die Konventsmitglieder übernehmen abwechselnd die verschiedenen Ämter; und so war die Reihe, als Himmelsanwälte zu fungieren, diesmal an MAZZINI und PROUDHON. Wir geben aus ihren beiden Reden das Wesentliche wieder.

MAZZINI:[01] Wäre mein Klient, der Oberst VON SCHLICH-
TING, der hier vor Ihnen steht, in preußischen Diensten geblieben, so hätte er sich, sehen Sie ihn nur an, noch eines
langen Lebens freuen können, und ganz gewiß hätte ihn nie
aus Reih und Glied eine Kugel getroffen! Wäre er dann
schließlich dahingegangen, so hätte der erhabene Konvent sich
nicht zu bemühen brauchen; unser alter Petrus hätte ihm,
ohne vom Sitz aufzustehen und die Pfeife aus dem Mund zu
nehmen oder gar sein Tor aufzuschließen, bedeuten können,
wo er die meisten seiner Kameraden und also für ihn die passendste Gesellschaft finden könne. Aber nun steht er anders
vor uns da. Er ist in die Dienste einer Nation getreten, die sich
in gewaltiger Erhebung, an der wir alle begeisterten Anteil
genommen haben, das köstlichste Gut errungen hat: Freiheit
und Einheit. Noch ist der innere Ausbau des türkischen
Reiches und seine Unabhängigkeit nach außen nicht gesichert:
und jeder, der dem neuen türkischen Regiment hilft, gerüstet
zu sein und sich jedes Angriffs von innen oder außen zu
erwehren, der dient der göttlichen Idee, über die wir hier oben
zu wachen haben. Die kleinen barbarischen Stämme, die sich
gegen die Einheit des Reichs auflehnen und die Türkei nicht
zur Ruhe kommen lassen, sind Aufrührern und Verschwörern
gleichzuachten, die es mit dem Pascharegiment,[02] der despotischen Willkür und der Zerrissenheit halten. Der türkische Oberst VON SCHLICHTING ist als ein Opfer der Gegenrevolution und des Partikularismus anzuerkennen; nehmen
wir ihn in unsere Reihen auf und schicken wir seinen Mörder
zu Hölle!

PROUDHON:[03] Zunächst glaube ich im Namen des ganzen
Konvents zu sprechen, wenn ich unserm edlen MAZZINI dan-

01 Giuseppe MAZZINI, 1805-1872. Vater des italienischen Nationalstaats, der
jedoch nicht entsprechend seines Willens sich auf demokratischem, sondern auf
monarchischem Weg konstituierte.
02 »Pascha« war bis 1934 der Titel hoher osmanischer Beamter.
03 Pierre-Joseph PROUDHON, 1808-1865. Begründer des Anarchismus.

ke, daß er in dieser Zeit, wo sein Name auf Erden und im Himmel millionenstimmig gerufen wird, noch hier im Konvent hat seine ernste Pflicht tun wollen. (Allseitige Zustimmung.) Wenn ein Einzelner als Schöpfer der Einheit Italiens von allen andern, selbst noch vor GARIBALDI,⁰⁴ genannt werden darf, so ist es Giuseppe MAZZINI. Aber das allerdings habe ich mich gefragt, als ich in diesen Tagen nach Italien hinabblickte, ob MAZZINI in all diesen fünfzig Jahren immer noch nichts gelernt hat und ob er sich wirklich seiner Schöpfung erfreuen darf? Ich hatte vergessen, daß wir hier im Himmel nichts mehr lernen können, sondern bleiben, wie wir auf Erden gewesen sind. So will denn auch ich bleiben, der ich bin, und will bekennen, daß ich mich der auf dem Wege der Revolution errungenen türkischen Einheit so wenig freuen kann wie damals der italienischen. Ich habe damals schon mit MAZZINI gestritten und will ihm heute wörtlich wiederholen, was ich ihm 1862 gesagt habe:⁰⁵ »Jeder ursprüngliche Charak-

Proudhons Antwort: Kritik am Prinzip der Einheit

---

04 Giuseppe GARIBALDI, 1807-1882. Militanter Kämpfer für die Bewegung zur nationalstaatlichen Einheit Italiens.

05 Pierre-Joseph PROUDHON, *La fédération et l'unité en Italie*, Paris 1862, S. 25 f. »Le premier effet de la centralisation, il ne s'agit pas ici d'autre chose, est de faire disparaître, dans les diverses localités d'un pays, tout espèce de caractère indigène; tandis qu'on s'imagine par ce moyen exalter dans la masse la vie politique, on la détruit dans ses parties constitutives et jusque dans ses éléments. Un État de 26 millions d'âmes, comme serait l'Italie, et un État dans lequel toutes le libertés provinciales et municipales sont confisquées au profit d'une puissance supérieure, qui est le gouvernement. Là, tout localité doit se taire, l'*esprit de clocher* faire silence: hors le jour des élections, dans lequel le citoyen manifeste sa souveraineté par un nom propre écrit sur un bulletin, la collectivité est absorbée dans le pouvoir central; tout ce qui concerne l'administration, la justice, l'armée, l'enseignement, les travaux publics, la police, les cultes, etc., aboutit au ministère; tout ce qui regarde la législation, au parlement. La fusion, en un mot, c'est-à-dire l'anéantissement des nationalités particulières, où vivent et se distinguent les citoyens, en une nationalité abstraite où l'on ne respire ni ne se connaît plus: voilà l'unité. MAZZINI est nationaliste; il ne parle dans son manifeste, il n'entend se prévaloir que du *droit national*. Or, si le principe du nationalisme est vrai, il l'est pour les plus petites nationalités comme pour les plus grandes; il implique l'indépendance et l'autonomie des moindres groupes comme des plus vastes agglomérations, d'autant mieux qu'en dernière analyse il est impossible, en dehors des divisions territoriales données tantôt par la politiques, de délimiter nettement une nationalité.«

das Proudhon-Zitat im Original

ter in den mannigfaltigen Landschaften eines Reiches geht durch die Zentralisation, das ist der wahre Name der sogenannten Einheit, verloren. Ein großer Zentralstaat konfisziert alle Freiheiten der Provinzen und der Gemeinden zugunsten einer höheren Macht, nämlich der Regierung. Was ist diese Einheit der Nation in Wahrheit? Das Aufgeben der besonderen Nationalitäten, in denen die Individuen leben und sich voneinander unterscheiden, in einer abstrakten Nation, in der keiner atmet und keiner den andern kennt. Wenn aber das Nationalitätsprinzip MAZZINIS gilt, so gilt es für die kleinsten Nationen ebenso wie für die größten; es verbürgt die Unabhängigkeit und Selbständigkeit der kleinen wie der großen Gemeinschaften.«

Sie werden gleich hören, daß ich zur Sache spreche, wenn ich diese alten Worte wiederhole. Nicht meine Schuld, daß sie nach fünfzig Jahren noch wiederholt werden müssen. Ich habe weiter gesagt: »Will man 26 Millionen Menschen regieren« – so viel hatte damals das Königreich Italien – »denen man die Verfügung über sich selbst geraubt hat, so braucht man, um diese riesige Maschine in Gang zu bringen, eine ungeheuerliche Bürokratie, eine Legion Beamte; um sie nach innen und außen zu schützen, braucht man ein stehendes Heer. Angestellte, Soldaten, Mietlinge, das wird in Zukunft die Nation vorstellen. Diese grandiose Einheit braucht Ruhm, Glanz, Luxus: eine imposante Zivilliste,[06] stattliche Gehälter, Botschaften, Pensionen, Pfründen. In so einem Einheitsstaat streckt alles die Hand aus, und wer zahlt die Schmarotzer? Das Volk! Wer einheitliche Nation sagt, der sagt eine Nation, die ihrer Regierung verkauft ist. Und wer hat den Nutzen davon? Das Volk? Nein, die oberen Klassen. Die Einheit ist heute und schon seit 1815 nichts weiter als eine Form der bourgeoisen Ausbeutung unter dem Schutz der Bajonette. Jawohl, die politische Einheit in den

06 Der jährliche Betrag, der einem Monarchen und seinen Angehörigen aus der Staatskasse gewährt wird.

Großstaaten ist die Herrschaft des Bürgertums. Darum die Lust des Bourgeois am Einheitsstaat! In einem kleinen Gemeinwesen ist für den Bourgeois, den Bankier, den Spekulanten, den Großeigentümer usw. usw. nichts zu holen. Da gibt es nicht viele Ämter, sie werden niedrig oder gar nicht bezahlt, es ist keine Gelegenheit, sich auszuzeichnen: das bescheidene Verdienst bleibt im Dunkeln.«[07]

die Bilanz der Einheit Gleich komme ich für all meine Hörer zu meinem Albanesen, für mich bin ich schon immer bei ihm. Ein Wort noch zu MAZZINI, dem Schöpfer des italienischen Einheitsstaats, und wieder eins, das ich ihm vor fünfzig Jahren gesagt habe: »Er rühmt sich, Republikaner zu sein. Weiß er, was er mit seiner Einheit für Italien getan hat? Er hat ihm den Despotismus aufgepfropft. MAZZINI nennt sich ferner einen Demokraten; weiß er, was er für das italienische Volk, für die armen Massen getan hat, als er ihnen den Fanatismus für die Einheit einge-

das Proudhon-Zitat im Original 07 Ebd., S. 26ff: »A cette unité grandiose, enfin, il faut de la gloire, du prestige, du luxe: de là une liste civile imposante, des traitements magnifiques, des encouragements aux lettres et aux arts, des missions, des pensions, des sinécures. Les ambitieux, les intrigants, les gens déclassé, la *bohème*, tous partisans de l'unité, pullulent autour du gouvernement. Naturellement, on ne peut pas tout donner aux uns et rien aux autres. Sous un régime d'unité, tout le monde tend la main; les villes comme les individus sollicitent. Un pouvoir intelligent s'attache les communes, les paroisses, les confréries, par des cadeaux, des subventions, des commandes; on entreprend des travaux d'embellissement ou d'utilité publique; on fait des constructions et de démolitions; on multiplie les chemins de fer et les voies stratégiques; on érige des monuments aux gloires locales; on encourage le commerce, l'agriculture, l'industrie, par des médailles, des expositions, des remises de taxe et des prestations de capitaux. Mines, canaux, voies, ferrées, colonies, agences de change, offices ministériels, adjudications, concessions de toutes sortes, fournitures, sont la monnaie avec laquelle des gouvernements paient leurs majorités, tiennent le public en haleine, font espérer à tous la fortune. Tout se prend sur la masse: c'est à qui obtiendra le plus gros lopin. Qui dit nation unitaire, dit nation vendue à son gouvernement, *urbem venalem*. On achète une ville pour une église, un village pour un bureau de tabac. J'ai vu punir un chef-lieu de canton par rappel d'une compagnie d'infanterie qu'on y avait envoyée en garnison; j'en ai vu un autre abjurer son opposition pour une place de commissaire de police. Et qui profite de ce régime d'unité? Le peuple? non, les classes supérieure. Sous les CÉSARS, l'unité, c'était l'autocratie prétorienne, le pillage des provinces, l'entretien gratuit de la plèbe de Rome. A Dieu ne plaise

flößt hat? Er hat die Herrschaft der Bourgeoisie über ihnen er-
richte errichtet.«[08] So habe ich vor fünfzig Jahren gesagt; und
nun blicke der himmlische Konvent nach Italien, nach Mai-
land, nach Livorno, nach Genua, nach Rom, nach Neapel und
nach Sizilien. Was erblicken wir, was erblickt auch MAZZINI
mit Schaudern, wenn er die Früchte seiner Einheit sieht? Das
grauenvolle Regiment der Bourgeoisie und das fürchterlichste
Elend der Massen!

Wenn ein Volk für seine Freiheit kämpft, lacht der Himmel. *Selbstkritik*
(MAZZINI ruft dazwischen: Ich lache nie; ich bete!) Welches
Urteil spricht sich da unser verehrtes Mitglied! Lachen ist der
Anfang alles Kritik; und wer lächeln kann, ist der Selbstkritik
nah. Ja, das fehlt MAZZINI; er kann sich begeistern, aber er hat
keine Kritik.

Sind die Albanesen nicht eine Nation so gut wie eine? Kämp- *Albaner*
fen sie nicht schon lange genug, seit sechs Jahrhunderten, für

que j'assimile l'empire de NAPOLÉON III à celui de NÉRON, de COMMODE ou
de CARACALLA! L'unité, aujourd'hui et depuis 1815, c'est tout simplement une
forme d'exploitation bourgeoise sous la protection de baïonnettes. Oui, l'unité
politiques, dans les grands États, est bourgeoise: les places qu'elle crée, les in-
triques qu'elle provoque, les influences qu'elle caresse, tout cela est bourgeoise et
va au bourgeoise. Il y a dans l'armée française vingt-cinq mille places d'officiers
de tous grades et autant de sous-officiers: croit-on, si les sujets qui remplissent
ces places tenaient aussi peu à leur emploi que les soldats tiennent au service, que
l'armée restât seulement vingt-quatre heures sans se dissoudre, et que le pouvoir
pourrait compter sur elle? Des deux milliards soixante millions dont se compose
le budget de l'Empire, les deux tiers rentrent à la classe bourgeoise: c'est, depuis
brumaire, sa manière de participer au gouvernement. Ill n'y a rien à grappiller
pour le bourgeoise, banquier, spéculateur, grand propriétaire, commis, artiste ou
gent de lettre, dans un petit État. Des fonctions rares, peu ou point rémunérées,
des soins ingrats, des services gratuits, des dévouements obscures: ce n'est pas
de quoi tenter une noble ambition, soutenir une puissante individualité.« Wie
ersichtlich ist, paraphrasiert LANDAUER den Gedanken PROUDHONS.
08 Ebd., S. 28f. »MAZZINI est républicain, il s'en vante. Sait-il ce qu'il a fait pour *das Proudhon-*
l'Italie avec son unité? Il lui inoculé le despotisme. MAZZINI est démocrate; la *Zitat im Original*
cause qu'il défend est celle de la plèbe. Sait-il ce qu'il a fait pour la plèbe italien-
ne, en la rendant fanatique d'unité? Il a établi sur elle le règne bourgeois, règne
fini, jugé, condamné en France dès 1847; règne qui fut l'erreur de la première
Constituante, des Jacobins, du Consulat, de la Restauration, de la monarchie de
Juillet, et qui est la fatalité de NAPOLÉON III.«

ihre Unabhängigkeit und Autonomie? Weilt nicht Georg KASTRIOTA[09] seit mehr als 400 Jahren unter den himmlischen Scharen, weil er tapfer für die Freiheit gegen das türkische Joch seinem Volke vorangezogen ist?

Unbeugsamkeit der Albaner Seht euch hier BAIRAM an. Ist er nicht die Verkörperung des albanesischen Volkes? Ich lese der Versammlung nun aus dem himmlischen Lexikon ein paar Sätze vor;[10] vergleichen Sie mit dem Mann, der vor Ihnen steht: »Schon die Gesichtszüge des Albaners verraten einen kühnen, nicht durch Sklaverei gezähmten Mann. Sein Gang und seine Manieren haben etwas Stattliches und selbst die Kleidung trägt dazu bei, seiner ganzen Gestalt etwas Auffallendes und Malerisches zu verleihen … Eine breite Schärpe um die Hüften, woran zwei schön gearbeitete Pistolen und ein breites Messer befestigt sind … Der albanesische Landmann, kühn und mannhaft in seinen Gewohnheiten und mit dem Gebrauch seines Feuergewehrs vertraut, ist, sowie er sein Dorf verläßt, ein tüchtiger Soldat. Mutig stürzt er sich, in ungeordneten Haufen, unter lautem Zuruf, auf den Feind und, Mann gegen Mann kämpfend, siegt er gewöhnlich durch seine Kraft und angeborene Tapferkeit …

wer war Kastriota? 09 Georg KASTRIOTA, *aka* Skanderbeg, 1404-1468. Fürst von Kastrioti, dem heutigen Albanien. Mit einem Trick gelang ihm die Befreiung aus dem Herrschaftsbereich der Osmanen. Heute sind allerdings rund sechzig Prozent der Bevölkerung Albaniens Muslime, sodass der anti-islamische Aspekt in dem Andenken an KASTRIOTA gegenüber dem nationalistischen Aspekt zurücktritt.

Landauers Quellen zu den Albanern 10 Bis *Tapferkeit* zitiert aus: Henry HOLLAND, *Reisen durch die Ionischen Inseln, Albanien, Thessalien, Macedonien und Griechenland*, Jena 1816, S. 54, S. 91. Oder: Johann Samuel ERSCH, *Allgemeine Encyklopädie der Wissenschaften und Künste*, Leipzig 1818, S. 340. Allerdings hängen *Schießgewehre* statt *Pistolen* um die Hüften; *Pistolen* in: *Theater-Lexikon*, Leipzig 1841, Sp. 763. – Ab *Hauptstock* aus: *Das Weltall: Ein geographisch-statistisch-naturhistorisches Handwörterbuch mit Berücksichtigung des Wissenswürdigen aus der Weltgeschichte*, Frankfurt am Main 1828, S. 423. – Ich will gern annehmen, LANDAUER habe *eine* Quelle genutzt, konnte jedoch keine auffinden, in der alle Aussagen zugleich enthalten sind. Bei HOLLAND und bei ERSCH heißt es Albaner, im »Weltall« Albanesen, so wie auch in den Zeitungsmeldungen zu diesem Fall, von dem zeitnah sogar in verschiedenen Blättern der USA berichtet wurde. Allerdings ist es mir nicht gelungen, den vollständigen Namen des albanischen Attentäters zu ermitteln. Auch der ihm von LANDAUER beigelegt Name erscheint nirgends.

Der Hauptstock des Volkes lebte immer frei und wild in seinen Bergen. Sie haben bis zu unsern Zeiten immer mit ihren alten Sitten, selbst zum Teil noch in ihre alten Stämme geschieden, fortgelebt, und in den wilderen und rauheren Gegenden ihres Gebirgslandes kaum den Namen der türkischen Herrschaft anerkannt.«

Föderalismus der Albaner

So einer ist BAIRAM; mit Gewalt und in Ketten geschlossen hat man ihn aus den Bergen nach Konstantinopel geschleppt, damit er Soldat werde. Soldat war er seit seiner Knabenzeit; aber was die Preußisch-Türken Militär nennen, das hat er nicht gekannt. Frei, wild, willkürlich, jauchzend und stolz, so ist bei ihm zu Lande ein Krieger. Nun aber wird er gedrillt; nun kommt das stumpfsinnige Gleichmaß des Reglements. Für ihn ist eine Waffe keine Waffe, wenn sie nicht geladen ist; und so versorgt er sich mit scharfen Patronen, ohne das geringste zu planen. Da kommt der Fremde, der unglückliche preußische Oberst und rückt ihm mit seinen harten Fingern den Kopf und die Schulter zurecht, um seine Haltung zu korrigieren. Der Jüngling kannte nur eine Art Haltung: die albanische, nicht die preußische; und daß der fremde Offizier seit seiner Kadettenzeit her, und dann als Fähnrich, als Leutnant, als Hauptmann, als Major in langen Jahren des Kasernendienstes unzähligen Menschen mit festem, mechanischem Griff an ihrem Körper die Haltung korrigiert hatte, konnte er nicht wissen. Haben wir Menschen, so lange wir lebten, nicht alle einen Zorn und Widerwillen gespürt, wenn einer unsern Leib angefaßt hat? Steckt nicht in uns allen dieser uralte Abwehrinstinkt, der jede, die leiseste körperliche Berührung, als einen Eingriff in die eigene Sphäre empfindet? Hat nicht jeder einen Luftkreis um sich, den er als sein eigen fühlt, und sagen wir nicht, es sei uns einer zu nah getreten? Für BAIRAMS Volkscharakter und traditionellen Freiheitssinn war ihm der Fremde zu nah getreten, hatte ihn und sein Menschenrecht, wie er es in sich spürte, angetastet. Er reagierte; er schoß; er wurde gerichtet.

Zwangsrekrutierung

Arroganz der Eroberer

das Recht der Unter-drückten Wir aber haben nicht zu richten, nicht zu verurteilen und nicht freizusprechen und nicht mildernde Umstände zuzubilligen; wir nehmen Bairam als Vertreter einer selbständigen und unterdrückten Gemeinschaft auf; wir wollen dafür zeugen, daß die Albanesen ihr Selbstbestimmungsrecht haben, und daß das türkische Reich, wenn es sich schon in heldenmütiger Revolution neu gegründet hat, heute ein Reich des Unrechts und der Vergewaltigung ist, genau so wie das italienische, an dessen Wiege unser edler Mazzini gestanden hat!

Urteil **So lauteten die Reden der Himmelsanwälte.** Der Konvent beschloß: der Oberst von Schlichting und Bairam sein Mörder sollen als Geister zur Erde zurückkehren müssen und den Kampf, den sie begonnen haben, weiter kämpfen müssen, jeder in seinem Lager, bis er ausgekämpft sei. Erst dann sollen sie wieder an die Tore des Himmels kommen und sollen dann beide in die Heerscharen aufgenommen werden.

Gustav Landauer: Verwirrung von Nation und Staat
Aus unstillbarem Verlangen[11] [1915]

Aus unstillbarem Verlangen nach der Stunde, wo dieser Riese, der Krieg der andern, rasselnd zu Bogen bricht und, nach einem Augenblick zauberhafter Verwandlung und Erneuerung, aufsteht als mein Krieg um die Durchsetzung und den Umschwung, kann ich es nicht lassen, so knapp und zu einem geballt es nur geht, mit meinen Worten niederzuschreiben, was, so oder anders geformt, von jeher alle wissen und alle nicht wissen. Es gibt etwas, was jeder Wissende weiß und kein Täter tut. Jetzt kommt die Zeit, wo die Wissenden Täter werden sollen, auf daß sie denen, die ohne Gewissen oder gegen ihr allzutief hinuntergerutschtes Wissen tun, das Handwerk abnehmen, um das Werk zu beginnen. Viele und mancherlei Reiche gibt es. Das Reich lebt nur im Wissen derer, die der ewigen Stimme nicht taub sein wollen. Jetzt kommt die Zeit, wo konkret, politisch, ökonomisch gemacht und gebaut werden soll, was von je die Dichter zu Bildern gewirbelt, die Propheten begehrt und zur Schau gestellt haben. Jetzt ist die Zeit, wo das Wirkliche sich als unmöglich herausstellt und wo das Unmögliche Wirklichkeit werden will. Ihr sagt und sagt nicht, ihr gesteht und gesteht nicht, aber wahrlich, ihr wisset alle: Diesem Krieg der Kriege fehlt die Idee? Er hat eine Idee und er spricht sie aus mit alledem, was er ist: Ich bin der Krieg der Kriege! Mein Name ist: Letzter Krieg! Er ist der letzte Krieg, wenn die heimlich Wissenden öffentlich Sprechende und offen Bekennende und freiweg Beginnende werden. In vielerlei Formen soll jetzt Gestalt gewinnen, was der Sinn des einzigen Augen-

dieser Krieg…

… der letzte?

11 In der Vorbemerkung zu *Rechenschaft* (1918) schreibt LANDAUER: Dieser »Aufsatz stand 1915 im ›Zeit-Echo‹ [Nr. 13, April, S. 188-191] und so ähnlich auch in einem holländischen Blatt.« Als Fußnote im Text (S. 191): »Dieser Aufsatz war im ›Zeit-Echo‹ von der Zensur verstümmelt.« Die zensierten Stellen stehen in [eckigen] Klammern. Siehe unten Seite 114.

Quelle

blicks sein wird, in dem der Krieg sich todmatt hinlegt, um als Neues zu erstehen und Chaos zu Kosmos zu machen; mich will es dünken, es solle zu allererst nüchtern gesagt werden. Will das wortlos Gewußte allendlich zur Tat werden, so darf es den harten Dingen der Welt wirklicher Beziehungen nicht länger mehr ausweichen; so muß es lernen, zugleich unbeugsam zu sein und allen Biegungen des geschichtlich Gewordenen sich umgestaltend anzupassen; so muß es in aller hohen Würde der Idee sich bescheiden, ein Dasein zu führen. Der geistloseste aller Kriege, die je waren, wird darum mit der größten Begeisterung, die je war, geführt, weil der Geist es nicht mehr aushält, vom Leben getrennt zu sein. Jetzt kommt die Zeit, wenn dieser Krieg zu Ende gegangen ist, wo der Geist ins Dasein treten will. So ist es, wenn die geborenen Führer der Völker wollen, daß es so sei, und groß und nüchtern ans Werk gehen.

der geistloseste aller Kriege? Landauer wusste noch nichts vom zweiten Weltkrieg und den ihm folgenden …

[Wenn die Menschheit sich nicht durch ihre Unterjochung unter die Staatsidee zugrunde richten soll, wird sie bald daran gehen müssen, für die wirklichen Angelegenheiten der Völker eine Ordnung zu suchen, die nicht überliefertem Aberglauben und Götzendienst, sondern der Einsicht und den Tatsachen entspricht.]

Krieg ist die Nahrung des Staats

Staat, Etat, Stand, Zustand ist nicht eine Örtlichkeit oder ein Landgebiet, sondern eine Art und Weise. Die Interessen, die der Staat den Menschen befriedigen soll, sind weder an Landesfürstentum (bei dem ursprünglich der Fürst Landesherr im wörtlichen Sinn, Eigentümer des gesamten Bodens ist) noch an Länderbeherrschung gebunden, sind überhaupt nicht lokal, sondern modal. Es ist die große Entdeckung oder Erfindung, die der Menschengeist der Natur hinzugefügt hat, daß es über den Räumen und Zeiten, über dem Wo und Wann noch die Modalität oder das Wie gibt. Dem Wo entspricht hier das Bodenmonopol; dem Wann die geschichtlich gewordene autoritäre Gewalt; dem Wie entspricht der Sinn, der Zweck und die Beziehung. Der Staat soll nicht mit Ländern und ihrer

was ist der Staat?

Beherrschung und Eroberung, sondern, da es sich schon längst nicht mehr um der Kultur gewonnenes, urbanes Land inmitten der Wildnis, sondern um zivilisierte und in Sicherheit wohnende Menschen handelt, mit deren Verhältnissen und Zwecken zu tun haben.

[Alles, was heute im sogenannten Staat eingeschlossen ist, soll befreit und neu gestaltet werden; was im Landesstaat vom überlieferten und nicht weiter untersuchten Schlendrian der Geschichte zu einer falschen Einheit zusammengeflochten worden ist, soll losgelöst werden zu Zweckvereinen.] *Zweckverein statt Einheitsstaat*

Die scheußliche Verwirrung, die in den Ländern mit gemischter Bevölkerung oder einem solchen Erdstrich wie dem Balkan von der Verkoppelung zwischen Nation und Staat hervorgebracht wurde, hört sofort auf, hört aber auch erst dann auf, wenn die öffentlichen Angelegenheiten jeder Nation nicht einem Staat abgetreten, sondern von der Nation selbst als Nation erledigt werden. Jede Nation kann dann so viele Schulen, Universitäten, Akademien, Theater und sonstige echt nationale Einrichtungen gründen, als sie durch ihren Zusammenschluß und ihre Beharrungs- und Expansionskraft eigens und lediglich für die Zwecke dieses Geist- und Sprachverbandes Mittel aufbringt. Und hinsichtlich des Geistes, der in den Schulen herrscht, der Methoden, nach denen unterrichtet wird, wird es innerhalb der Nation die größte Mannigfaltigkeit je nach Gemeinden, Gegenden und besonderen Schulgenossenschaften geben. So sehr der Nationalverein nach außen in Sachen seiner Zwecke wie eine einheitliche, uneinnehmbare Festung wirken wird, so sehr wird er im Innern Selbständigkeit und mannigfaltige Gliederung aufweisen; und der Fall könnte sogar mehr als einmal vorkommen, daß einem Vater die Sprache nicht so wichtig ist wie der Geist, der sich in ihr ausdrückt, und daß zum Beispiel ein Tscheche sein Kind in eine deutsche Schule schickt und umgekehrt. Für all solche Anschlüsse und Ausscheidungen wird im Zweckverband der

Verwirrung von Nation und Staat

Nation ist nicht Staat

Schule und Sprache

Nation Freiheit herrschen, und zwischen Gemeinden, Genossenschaften und Nationalzentrale wird über das Verhältnis von Zentralisation und Dezentralisation der Mittel eine freie Verständigung erfolgen müssen. [Aber jedenfalls hat die Nation nichts mit Herrschaft, nichts mit Unterdrückung, nichts auch mit parlamentarischer Majorisierung und Intrigue und gar nichts mit Staat und Wirtschaft zu tun.][12]

Nation ist nicht Herrschaft

Auch die Wirtschaft soll vom Staat abgezweigt werden und soll sich um nichts kümmern als um die Wirtschaft, das heißt um die zweckmäßige und also auch lustvolle Herstellung und den zweckmäßigen freien Tausch der menschlichen Bedürfnisse. Es wird sich dann bald genug zeigen, daß die Wirtschaftsgebiete auf Grund geographischer, geologischer, klimatischer, gewiß auch historisch erwachsener, völkerphysiologischer und psychologischer Bedingungen abgeteilt werden müssen; daß aber die politisch-fiktiven Grenzen der Länder und die wirklichen Grenzen der Nationen nicht identisch sind mit den zweckmäßigen Grenzen bestimmter Wirtschaftseinheiten; und daß für die Herstellung wirtschaftlicher Aus-

die Befreiung der Wirtschaft vom Staat

Ludwig von Mises

12 Andere Diktion, und doch!, was für ein Gleichklang? Ludwig VON MISES, *Liberalismus* (1927), St. Augustin 1993, S. 96-125: »Es ist fürchterlich, in einem Staate zu leben, in dem man auf Schritt und Tritt der – sich unter dem Scheine der Gerechtigkeit verbergenden – Verfolgung durch eine herrschende Mehrheit ausgesetzt ist.« Zentrales »Mittel der nationalen Vergewaltigung« ist für MISES die staatliche Zwangsschule, in der die Mehrheitskultur [Sprache der Mehrheit] gelehrt werde. Hier wird klar ersichtlich, dass Mises nicht nur keine Angst vor Parallelgesellschaften hatte, sie im Gegenteil in das liberale Recht auf Sezession mit einschloss. Ohne Schulpflicht müsste »keine Sprachinsel es sich« mehr »gefallen lassen, sich bloß darum national vergewaltigen zu lassen, weil sie mit dem Hauptstamm des eigenen Volkes durch keine von Volksgenossen besiedelte Landbrücke in Verbindung steht«. Und weiter: »Bei der Machtfülle, die dem Staate heute zu Gebote steht, muss die nationale Minderheit von der andersnationalen Mehrheit das Schlimmste befürchten.« Grundsatz: »Wenn die Bewohner eines Gebietes, sei es eines einzelnen Dorfes, eines Landstriches oder einer Reihe von zusammenhängenden Landstrichen, durch unbeeinflusst vorgenommene Abstimmungen zu erkennen gegeben haben, dass sie nicht in dem Verband jenes Staates zu bleiben wünschen, dem sie augenblicklich angehören, sondern einen selbstständigen Staat bilden wollen oder einem anderen Staate zuzugehören wünschen, so ist diesem Wunsche Rechnung zu tragen.

gleichungen die militärische Gewalt das verkehrteste aller Mittel ist.

Viele Betätigungen des Wirtschaftslebens, soweit sie nicht besser interkommunalen und internationalen Körperschaften anvertraut sind, und die Reste, die sonst noch von der Hinterlassenschaft des Staates fortzuführen sind, werden sich aufbauen auf dem Organismus der Gemeinde. Die Gemeinden werden alle Angelegenheiten, die nur sie selbst angehen und mit denen sie andern nicht im Wege sind, selbständig gemäß ihren Bräuchen und Einsichten verwalten. Für Gemeinsames und für die gegenseitige Anpassung werden sich über den Gemeinden weitere Verbände, Bezirke, Kreise, Provinzen usw. erheben. Wo man sich des Vertretungs- und Beamtensystems bedienen muß, wird es sich immer um Delegation handeln, die ununterbrochen mit ihren organisch verbundenen und wachenden Auftraggebern in Verbindung sind und stets abberufen und ersetzt werden können. So sehr die Menschheit ein Ganzes ist, so sehr erfordert es die Freiheit und Mannigfaltigkeit, daß die großen Verbände nicht oben herrschen und lasten, sondern von

Föderalismus, Reprise

das Ganze der Menschheit sei Freiheit und Mannigfaltigkeit

Nur dies allein kann Bürgerkriege, Revolutionen und Kriege zwischen den Staaten wirksam verhindern.« Das »Selbstbestimmungsrecht, von dem wir [*das heißt* die Liberalen; *dito* die Anarchisten] sprechen, ist jedoch nicht Selbstbestimmungsrecht der Nationen, sondern Selbstbestimmungsrecht der Bewohner.« Dieser ebenso *anarchistische* wie *liberale* Gedanke, für den Pierre-Joseph PROUDHON den Begriff »Föderalismus« gebrauchte, wird gegenwärtig, per Stand Frühjahr 2019, in der autonomen kurdischen Region Rojava, Nordsyrien, bezeichnet als »Kommunalismus«, unter der Ägide des Ex-Stalinisten Abdullah ÖCALAN praktiziert. Die Geschichte soll erweisen, ob *hier* die von LANDAUER ersehnte Entwirrung von Nation und Staat beginnt. – Wenn man aber Ludwig VON MISES (und, mitgehangen mitgefangen, wohl auch Gustav LANDAUER) zu den »Rechten« zählt, was gilt dann für Pierre BOURDIEU? In *»Über den Staat«* (1989-92; Berlin 2017) sagt er unter der Zwischenüberschrift *»Nationale Vereinheitlichung und kulturelle Herrschaft«*, »Unterrichtssysteme« seien »ein Werkzeug des Nationalismus« (S. 281f). Oder: »Man wendet [...] ein, daß die Schule kein Herrschaftsinstrument, sondern ein Mittel der Integration sei. [...] Tatsächlich [...] würde ich sagen, daß die Schule ein Mittel der Integration ist, aber daß gerade diese Integration die Unterordnung ermöglicht« (S. 398f). Die Unterrichtssysteme produzieren den von BOURDIEU so genannten »Staatsadel« (S. 381).

Proudhon, Rojava

Öcalan

Bourdieu, Reprise

unten wachsen und von unten ernährt werden. Die Menschheit muß im einzelnen Individuum, im Paar, im Haus, im Dorf, im Sprengel, in der Gemeinde, im Amt Keim und Wurzeln haben, um zur Gesamtheit des Volks und der Völkerbünde erblühen zu können.

Notwendigkeit der Umkehr

Für viele Methoden des bisherigen Staats im Innern und nach außen ist kein Platz mehr in einer Menschengesellschaft, die anfängt, die überlieferten Einrichtungen nach den Prinzipien von Sinn und Zweck umzugestalten. Aus der blinden und modrigen Höhle des Woher heraus haben wir lange genug gelebt; licht und sehend wollen wir jetzt endlich nach dem Wohin reisen: einem selbstbestimmten Ziele zu. Was daraus wird, wenn man die sinnlos gewordenen Reste der Vergangenheit als Mächte des Verhängnisses walten und toben läßt, erleben wir schaudernd. Versuchen wir einmal, alles, was von hinten treibt, erst durch unsern Geist zu filtern, ehe wir es auch vorne weiter wirken lassen.

Man hat gesagt und wir haben es erprobt, daß Kanonen und Flinten dazu da sind, um gebraucht zu werden.

Vernunft gegen Staatsgewalt

Nun denn: auch die Vernunft ist dazu da, um gebraucht zu werden. Laßt sie ans Werk! Und wartet lieber nicht zu lange damit; jedes Werkzeug, das nicht gebraucht wird, rostet; und die Vernunft hat es an sich, wenn man sie nicht übt, zu Dummheit und Wahnsinn zu werden.

Angst vor der Vernunft

Feine, tiefe, religiöse Menschen haben Angst vor der Vernunft und meinen, das sei ein Werkzeug der Analyse, der Zersetzung, der Negation; wir aber brauchten die Unterordnung unter ein großes Ganzes, die Synthese, das Opfer, die Hingabe, das Aufgehen des Individuums in der Gemeinschaft.

Vernunft zersetzt nur das Sterbende

Ja, das brauchen wir; aber fürchtet euch nicht! Die Vernunft zersetzt nur das Sterbende, das dem Verfall geweiht ist; sie organisiert das Lebende, das wächst. Wachstum in den Beziehungen zwischen den Menschen, Wachstum der Verhältnisse gibt es nur durch die Vermittlung des in den Individuen wachsenden und fortschreitenden, mit Gefühl und Aktivität, mit Natur und Trieb, mit Liebe und Gemeinschaft unlöslich verbundenen Geistes.

Weil die Menschen Sehnsucht nach dem verbindenden Geiste, der verloren gegangen ist, nach dem Ersatz für die in ihren Formen gestorbenen alten Religionen haben, darum opfern sie sich in Myriaden von Hekatomben dem Staat, [der nur darum sein böses Scheinleben führt, weil die dem Geist erwachsenen Gemeinschaften dahingesunken sind].[13]

Staat als untaugliche Ersatzreligion

Als diese Religionen ihr Leben hatten, waren sie als Krönung und Verklärung über dem sinnvollen Zusammenleben von Völkern gewachsen.

Sorge dir erst für ein sinnvolles Zusammenleben, du Menschheit; Völker der Erde, bauet erst euer Haus und sorget für den rechten Austausch all eurer Güter; laßt erst die Güter in eurem Herzen und die Einsicht in eurem Kopfe wachsen; übt erst die angeborene und ewig gleiche Religion der Liebe im Kleinen und der Gerechtigkeit im Großen, – dann wird es nicht fehlen, daß die besondere Form der Menschheitsreligion aus eurem Leben erwächst. Aus dem Leben muß sie wachsen; aus geschichtlichem Wissen, Kenntnissen von längst dahingegangenen Ekstasen der Völker und erlesenen Geister, aus Philologie und Verliebtheit in alte Formen der Mythologie kommt denen, die nicht verdauend mit überlegenem, vorwärts gerichtetem Leben die ernährende Erinnerung der Geschichte aufnehmen, nur Bildungskram, der bereit ist, jede Missetat und jeden Irrwahn mit weich verworrenen Reminiszenzen zu bemänteln. Daß wissenschaftliche Bildung, archäologische Poesie und alexandrinisch-täuschende Mimikry der Mystik vor Aberglauben, Rohheit und Dummheit nicht schützt, – haben wir das noch nicht genug erlebt?

Aufruf zur Religion der Liebe

13 Die vier Passagen in [eckigen] Klammern waren bei der Original-Veröffentlichung durch die Zensur gestrichen worden, vgl. den Scan auf der nächsten Seite. Der vollständige Text erschien in dem Buch *Rechenschaft* (1918).

Gustav LANDAUER

Aus unstillbarem Verlangen nach der Stunde, wo dieser Riese, der Krieg der andern, rasselnd zu Boden bricht und, nach einem Augenblick zauberhafter Verwandlung und Erneuerung, aufsteht als mein Krieg um die Durchsetzung und den Umschwung, kann ich es nicht lassen, so knapp und zu einem geballt es nur geht, mit meinen Worten niederzuschreiben, was, so oder anders geformt, von jeher alle wissen und alle nicht wissen. Es gibt etwas, was jeder Wissende weiß und kein Täter tut. Jetzt kommt die Zeit, wo die Wissenden Täter werden sollen, auf daß sie denen, die ohne Gewissen oder gegen ihr allzu tief hinuntergerutschtes Wissen tun, das Handwerk abnehmen, um das Werk zu beginnen. Viele und mancherlei Reiche gibt es. Das Reich lebt nur im Wissen derer, die der ewigen Stimme nicht taub sein wollen. Jetzt kommt die Zeit, wo konkret, politisch, ökonomisch gemacht und gebaut werden soll, was von je die Dichter zu Bildern gewirbelt, die Propheten begehrt und zur Schau gestellt haben. Jetzt ist die Zeit, wo das Wirkliche sich als unmöglich herausstellt und wo das Unmögliche Wirklichkeit werden will. Ihr sagt und sagt nicht, ihr gesteht und gesteht nicht, aber wahrlich, ihr wisset alle: Diesem Krieg der Kriege fehlt die Idee? Er hat eine Idee und er spricht sie aus mit alledem, was er ist: Ich bin der Krieg der Kriege! Mein Name ist: Letzter Krieg! Er ist der letzte Krieg, wenn die heimlich Wissenden öffentlich Sprechende und offen Bekennende und freiweg Beginnende werden. In vielerlei Formen soll jetzt Gestalt gewinnen, was der Sinn des einzigen Augenblicks sein wird, in dem der Krieg sich todmatt hinlegt, um als neues zu erstehen und Chaos zu Kosmos zu machen; mich will es dünken, es solle zu allererst nüchtern gesagt werden. Will das wortlos Gewußte allendlich zur Tat werden, so darf es den harten Dingen der Welt wirklicher Beziehungen nicht länger mehr ausweichen; so muß es lernen, zugleich unbeugsam zu sein und allen Biegungen des geschichtlich Gewordenen sich umgestaltend anzupassen; so muß es in aller hohen Würde der Idee sich bescheiden, ein Dasein zu führen. Der geistloseste aller Kriege, die je waren, wird darum mit der größten Begeisterung, die je war, geführt, weil der Geist es nicht mehr aushält, vom Leben getrennt zu sein. Jetzt kommt die Zeit, wenn dieser Krieg zu Ende gegangen ist, wo der Geist ins Dasein treten will. So ist es, wenn die geborenen Führer der Völker wollen, daß es so sei, und groß und nüchtern ans Werk gehen. * * *

____

____

____

_____________ *)

Staat, Etat, Stand, Zustand ist nicht eine Oertlichkeit oder ein Landgebiet, sondern eine Art und Weise. Die Interessen, die der Staat den Menschen

*) Diese Stellen mußten auf Geheiß des Bayerischen Kriegsministeriums unveröffentlicht bleiben. (Die Red.)

188

Die erste Seite des Textes im »Zeit-Echo« Nr. 13, April 1915, mit dem Zensur-Vermerk der Redaktion. Scan: *Provided by the Blue Mountain Project at Princeton University.*

[114]

Bourdieu gegen den Strich lesen, S. 13ff

was hilft gegen Faschismus? S. 37, S. 75f

Gesellschaft und Freiwilligkeit, S. 32

*Definition
Staat, S. 18,
S. 74, S. 108f*

Illusion abnehmender Staatstätigkeit, S. 62

Quote der Zustimmung in direkter Demokratie unter 1%, S. 71f

Schriftenreihe
Murray Rothbard Institut für Ideologiekritik
in der **editiongpunkt.de**

Stefan Blankertz

101 Minimalinvasiv: *Acht kritische Nachträge*

104 Das libertäre Manifest:
Zur Neubestimmung der Klassentheorie

105 Pädagogik mit beschränkter Haftung:
Kritische Schultheorie

106 Thomas von Aquin: *Die Nahrung der Seele*

107 Die Katastrophe der Befreiung:
Faschismus und Demokratie

108 Politik macht Ohnmacht: *Demokratie zwischen
Rechtspopulismus und Linkskonservativismus*

109 Widerstand: *Aus den Akten Pinker vs. Anarchy*

110 Anarchokapitalismus: *Gegen Gewalt*

111 Mit Marx gegen Marx

112 Derrida *liest*

123 Die neue APO: *Gefahren der Selbstintegration*

114 Migration, Integration und Wohlfahrtsstaat

115 Verschwinde, Staat! *Weniger Demokratie wagen*

Murray Rothbard

102 Für eine neue Freiheit: *Kritik der politischen Gewalt,*
Band 1: **Staat und Krieg**

103 Für eine neue Freiheit: *Kritik der politischen Gewalt,*
Band 2: **Soziale Funktionen**

www.murray-rothbard-institut.de
editiongpunkt.de

Stefan Blankertz
'68 ist 50
Happening mit 12 Gesängen

Wie böse (oder gut) waren die 1968er? Das Happening
macht den 1968ern den Prozess. Magnus A. Engbart
mimt den Ankläger. Daniela Kœurbon, blond und
blauäugig (kein Witz!), die Verteidigerin. Weiterhin
treten Dunkel- und Hellmänner und -frauen auf, mitunter stimmgewaltig, Zaungäste, reiche und arme
Teufel – aber bringen sie Licht ins Dunkel? Moderator
Skelett Thör, möge die Macht mit ihm sein, hat alle
Hände voll zu tun, die Debatte im Zaum zu halten. Und
dann stören noch die Flegel von der »Identitären Bewegung«. Wer überzeugt? Wer obsiegt? Gibt es eine
Verbrüderung zwischen den neuen rechten und den
alten linken Chaoten?
Hier ist der Leser gefragt, er entscheidet das Spektakel,
den Gesang gegen die einfachen Antworten.

Theaterstück · 80 Seiten · Hardcover
edition g. '68 · ISBN 978-3-7448-3587-9

Stefan Blankertz
Penelope Heiler: Kampf dem Gesundheitsterror
2068-2077

2068: Europa ist mit China verbündet. Die USA sind der dämonisierte Feind. Statt *Denglisch* spricht man *Chineutsch*. Am Arm muss ein jeder sein »Zwanjang« tragen, ein Gerät, das einem sagt, was gesund ist. Die Regierung besteht aus nichts mehr als dem Gesundheitsministerium, einem allgewaltigen Zentrum der Herrschaft. Wer nicht auf sein Zwanjang hört, kriegt Strafpunkte. Zu viele Strafpunkte führen zu einer Entmündigung. Alle unterwerfen sich. Alle? Nein, eine Gruppe von Alten probt den Aufstand. Und schon bald schließen sich auch junge Studenten dem Protest an. Unter ihnen Penelope Heiler. Als ihr Freund, einer der renitenten Alten, stirbt und Penelope die mysteriösen Umstände seines Todes aufklären will, wird sie zur Ikone des Widerstandes.
Von der Wirkungslosigkeit des auf bloßen Spaß und Kreativität gegründeten Widerstandes entnervt, geht sie 2077 in den bewaffneten Untergrund. Als sie erkennt, dass sie den falschen Weg eingeschlagen hat, ist es zu spät. Sie muss erfahren, wie ihr Idealismus sie zum Spielball von fremden Interessen macht. Welche Möglichkeiten bleiben ihr? Bis zum bitteren Ende gibt sie nicht auf.

Roman · edition g. 207
ISBN 978-3-8391-1275-5

Schriftenreihe Berliner Gestalt-Salon

Gabriele Blankertz
Kontakt gestalten: Wege zur Heilung
124 Seiten · [D] 12,80 € · edition g. 401
ISBN 978-3-7347-8805-5

Stefan Blankertz
Die Geburt der Gestalttherapie
aus dem Geiste der Psychoanalyse Sigmund Freuds
122 Seiten · [D] 12,80 € · edition g. 402
ISBN 978-3-7392-4835-6

Stefan Blankertz
Kurt Lewins Kritik der Ganzheit
130 Seiten · mit 3 Farbgrafiken · [D] 13,80 €
edition g. 403 · ISBN 978-3-7431-6650-9

Stefan Blankertz & Cornelia Muth
Husserls Intuition und Levinas' Beitrag
124 Seiten · [D] 12,80 € · edition g. 404
ISBN 978-3-7528-6992-7

Lothar Gutjahr
Leiblose Gestalten
Tatort Gestalttherapie: Ein Phänomenologie-Krimi
208 Seiten · [D] 14,80 € · edition g. 405
ISBN 978-3-7448-6980-5

Peter Philippson
Selbstwerdung
284 Seiten · [D] 19,80 € · edition g. 406
ISBN 978-3-7528-6989-7

www.berliner-gestaltsalon.de
editiongpunkt.de